Salmos

DA PAZ DE ESPÍRITO

SALMOS DA PAZ DE ESPÍRITO

1ª edição: Março 2025

Autor:
Raja Marausha

Preparação:
Debora Capella

Revisão:
3GB Consulting
Iracy Borges

Projeto gráfico e capa:
Jéssica Wendy

DADOS INTERNACIONAIS DE CATALOGAÇÃO NA PUBLICAÇÃO (CIP)

Marausha, Raja
Salmos da paz de espírito : a maior riqueza do mundo / Raja Marausha. — Porto Alegre : Citadel, 2025.
208 p.; color.

ISBN: 978-65-5047-598-7

1. Autoajuda 2. Desenvolvimento pessoal 3. Reflexões 4. Espiritualidade I. Título

25-0784 CDD 158.1

Angélica Ilacqua - Bibliotecária - CRB-8/7057

Produção editorial e distribuição:

CITADEL Grupo Editorial
contato@citadel.com.br
www.citadel.com.br

SER FELIZ
DEPENDE DE VOCÊ

Salmos

DA PAZ DE ESPÍRITO

A MAIOR RIQUEZA DO MUNDO

RAJA MARAUSHA

CITADEL
Grupo Editorial
2025

Sumário

Todas as religiões

O texto dos Salmos da Paz de Espírito não tem nenhuma pretensão religiosa, não tem compromisso com seitas, igrejas, cultos, grupos ou movimentos filosóficos, tampouco qualquer religião. Trata-se de um texto espiritual ecumênico, de todas as filosofias e religiões, que visa principalmente despertar o leitor para o seu valor individual, livre de todas as dependências, e para a consciência de que é filho de Deus. Os Salmos visam motivar as pessoas a terem fé e confiarem em si mes-

Os Salmos visam motivar as pessoas a terem fé e confiarem em si mesmas.

mas, a conseguirem uma poderosa autoconfiança e segurança interior – a fim de enfrentarem com alegria este mundo e viverem vitoriosas, bem-sucedidas, sadias e úteis aos seus semelhantes. Porque a Riqueza Interior pertence a toda a humanidade...

Os Editores

“A Riqueza Interior pertence a toda a humanidade.”

Leitura diária para reflexão

Por Raja Marausha

Nós somos da religião interior, a Filosofia da Esperança. Não temos templos nem igrejas. Nossos templos são os nossos corações.

Lidamos direto com Deus. Nossa alma é um transmissor-receptor que tem ligação direta com o Cosmos – e que sintoniza também o Grande Mestre Jesus Cristo, nosso Salvador na Terra.

Foi o próprio Jesus que lançou a Religião Interior, há quase dois mil anos, quando disse:

"O Reino de Deus
está dentro de vós,
dentro de cada um."

Quando rezares,
entra em teu aposento,
tranca a porta e reza
secretamente a Deus Pai,
que assim Ele te atenderá.

Como conseguir a paz verdadeira

As belezas da natureza surgem após as chuvas. As flores mais lindas brotam na fria neve. O brilho da montanha nasce na tempestade. O mais bonito pôr do sol acontece no mar agitado. E os heróis da vida são os que foram açoitados pela tormenta e marcados pela batalha.

É na tempestade que Deus nos prepara para a vitória e o sucesso! Quando Deus quer um carvalho, ele o planta em um lugar onde as tormentas o fustigarão e as chuvas baterão contra ele. E é no meio da batalha contra os elementos que o carvalho ganha suas fibras fortes e se torna o rei da floresta…

Deus quer te falar e não ouves. Há murmúrios, vozerios, música barulhenta e estridente, correrias e agitações em teu mundo. Dentro de ti, um tumulto... Cheio de ansiedade. Mas por quê? Por que não falas... Não te acalmas e não te chegas ao Senhor para contar-Lhe o que se passa, qual é o teu problema, mesmo grave, mas confia Nele! Para descansar em Seus braços, para que Ele ordene os teus passos.

“Tende calma,
aquietai-vos, não
vos perturbeis. Eu
sou o vosso Deus
e vos amo muito,
porque sou o
vosso pai... Vinde
a mim, parai de
correr e vinde...
Confiai em mim.”

A fé, a crença e a confiança

Ter fé é aceitar como verdade uma ideia que nos é apresentada. É ter suposição ou teoria positiva quanto à natureza forte de algum espírito, pessoa ou coisa. Ter fé é acreditar… Sem questionar – é aceitar uma sugestão. Sem discutir.

Podemos ter FÉ em uma figa, um amuleto, um medalhão, uma medalha, uma oração, no terço, em um ritual, um culto ou uma cerimônia; fé na energização do cristal, na água magnetizada, em um sacramento, na hóstia sagrada, na absolvição dos pecados, na vida eterna, no auxílio dos santos, no socorro do alto, em oguns e orixás, ajuda dos antepassados, fitinhas da Bahia.

A CRENÇA já é um pouco diferente. É uma conclusão sem a verificação real da experiência. Ela representa o conjunto do nosso raciocínio, do nosso pensar sem o conhecimento, sem o saber exatamente.

A crença é o que cremos sem exigências do saber. Quem confia tem convicção, que é muito mais forte que simplesmente fé. Temos profunda admiração, respeito e confiança no Grande Mestre Jesus, por exemplo, o maior Ser humanizado de todos os tempos.

Somos convictos e confiantes nos verdadeiros ensinamentos místicos e maravilhosos de Jesus, um Espírito sempre evoluído. Sabemos, temos conhecimento e sabedoria alicerçada em longo tempo de estudo, pesquisa e prática iluminista e científica – sabemos que Cristo veio para a Terra (não na Terra) a fim de nos salvar, ajudar a humanidade cheia de erros, falhas, ilusões e pecados graves a encontrar o caminho certo da verdade, do amor, da ajuda ao próximo, da tolerância, do perdão incondicional, da simplicidade, do trabalho e da paz.

Cristo veio para a Terra para ajudar e salvar uma humanidade vitalmente necessitada de correção, de melhoria, de se espiritualizar e se voltar mais para Deus – desprezando o materialismo do mundo e suas falhas, seus erros e suas ilusões. E por ser o próprio AMOR, por ser tão bom e misericordioso, por perdoar todos com divina bondade, debocharam dele, cuspiram nele, coroaram-no com espinhos, açoitaram-no, criticaram-no, humilharam-no e o mataram pregado numa cruz. Mas o nosso maravilhoso CRISTO não morreu. Ele ressuscitou dos mortos e continua vivo, tão vivo hoje (além do ano 2000) como naqueles tempos de Jerusalém. Ele veio para ficar. E continuar salvando, ajudando, socorrendo, orientando e protegendo a humanidade. Ele é o nosso maior amigo, basta querermos aceitá-Lo.

A confiança é convicção, diferente da fé e da crença, muito mais profunda e construtiva, é uma certeza absoluta de seu acreditar.

Em Jesus, é preciso termos mais que fé e crença, temos que ter confiança!

Se o leitor quer cometer o menor número possível de erros e falhas, conserve a paz do coração. Não se perturbe, seja qual for o problema ou obstáculo que lhe surgir. Conserve-se calmo e tranquilo, no fim tudo dará certo. Em tudo o que acontecer, lembre-se sempre de que o mais importante é não se perturbar. Não há coisa alguma neste mundo pela qual valha a pena perder a paz de espírito. Mesmo que tenha cometido um erro, uma falha ou um pecado, não perturbe o seu coração. Pode você remediar um delito se, após cometê-lo, você se perturbar? Ao contrário, cometerá uma nova falta maior que a primeira. Se tiver a infelicidade de cair em falta mesmo grave, não se deixe perturbar nem perca o ânimo – mas, com calma e paz, faça uma análise do que ocorreu e recorra à ajuda do poder maior de Deus, do Mestre Jesus ou da Mãe Santíssima.

E na divina fornalha do amor divino, poderão ser consumidos seus defeitos e purificado o seu espírito. Habitue-se a suportar com paciência e tolerância as contrariedades, a ouvir em silêncio palavras ofensivas ou de crítica, a estar sereno entre os agressivos e calmo no meio do conflito, a permanecer tranquilo e em PAZ entre os rumores do mundo.

Depende apenas de você querer! Está sempre em seu poder conservar-se em PAZ. Faça sempre esta prece: "Oh, Senhor Jesus, Deus da paz e de toda consolação, ajuda e socorro. Eu suplico a doce e santa PAZ, mais que todos os bens deste mundo! Transmiti-me sempre a calma e a tranquilidade, principalmente nos piores momentos. Assim, eu serei sempre vitorioso em todos os problemas. Porque tenho a maior força de todos os tempos, poderosa e invencível: *Christum Pax*, a maravilhosa PAZ DE CRISTO". Muito vitoriosa, em todos os sentidos. Simplesmente porque dependemos apenas de nós mesmos para isso. Nós somos espírito, nascemos perfeitos de alma e personalidade. Mas temos que ter o caráter – que é formado em vida e, conforme a vida que levamos, bem constituído, com sentimentos nobres e mais puros possível.

A personalidade da alma, nós já nascemos com ela. E o caráter nós formamos em vida, com a nossa criação, o ambiente onde crescemos, o ensino escolar e as coisas que aprendemos, as nossas amizades, leituras e visão do mundo, o que enxergamos, ouvimos e escutamos – e a sociedade dos homens que nos molda com seus rótulos. Nessa formação do caráter na escola da vida, nós aprendemos também a controlar nossas emoções ou a ser controlados por elas... E, como somos seres emocionais e vítimas dos hábitos, dependemos muito desse aprendizado para sermos felizes ou infelizes, sadios ou doentes, ricos ou pobres, bem-sucedidos ou fracassados. Mas pense bem: nós somos espírito e não dependemos de nada nem de ninguém para sermos felizes e vencermos na vida.

Dependemos somente de nós mesmos. Não dependemos da ajuda de outros espíritos, nem de santos, entidades, gurus, mestres ou seitas. Mesmo porque, se vivermos em erros, nem Deus será capaz de nos fazer felizes! E, se formos corretos (acabando com todas as nossas falhas), mais espirituais, bondosos, tolerantes, simples e puros de coração, nem de Deus precisaremos, porque Ele já fez em nós a sua obra e já nos dotou de tudo o que precisamos. Nem precisaremos suplicar nada – só agradecer a Deus o tempo todo, em PAZ...

Deus nos deu, mesmo antes de vivermos aqui na Terra, um espírito poderoso e autônomo, individual e autêntico, livre e independente. Por isso, não dependemos de nada nem de ninguém para vencermos na vida e sermos felizes.

Nada pode deter a nossa marcha rumo à perfeição – senão nós mesmos!

Por que, então, tanto absurdo nesta passagem por este pequeno e inferior mundo? Por que tantos erros, falhas, tantas doenças, aflição, medo e preocupação? Por que tanta ambição pelo luxo e pelo desnecessário? Convenhamos, leitores amigos e amigas de Raja Marausha, que ainda temos muito para aprender... Sejamos mais espirituais do que materiais. A gente vai para outro mundo e deixa o corpo e tudo de material aqui. Só levamos da vida a vida que a gente leva. Vamos ser mais bondosos, mais tolerantes, mais amigos fiéis. Vamos ter mais sentimentos do que emoções – mesmo (ou principalmente) no AMOR. Vamos aprender a perdoar em vez de culpar, a elogiar em vez de criticar, a agradecer em vez de ofender, a querer bem em vez de castigar, a rezar em vez de se vingar, a aceitar em vez de contestar, a acreditar em vez de querer, a lutar em vez de omitir, a ter coragem em vez de fugir, a enfrentar em vez de esconder... Vamos nos conhecer bem em nosso íntimo – e vamos melhorar muito, cada vez mais. Sejamos mais amigos e gostemos mais de nós mesmos.

Valorizemos o nosso espírito de filhos de Deus, USEMOS MAIS AS NOSSAS PRÓPRIAS FORÇAS INTERIORES. O REINO DE DEUS ESTÁ DENTRO DE NÓS, E EM NOSSOS PENSAMENTOS ESTÁ O PARAÍSO OU, SE QUISERMOS, O INFERNO. Depende apenas de nós mesmos sermos felizes e vitoriosos. Não importa nossa situação hoje. O amanhã, se quisermos, pode ser maravilhoso...

Não se perturbe, seja qual for o problema ou obstáculo que lhe surgir. Conserve-se calmo e tranquilo, no fim tudo dará certo.

Ouvir direito a voz de Deus

O Espírito Santo é Deus. A natureza toda é Deus, o mundo é Deus, e o fantástico Universo das galáxias é Deus. O Poder Cósmico planejou e criou tudo, até as pedras e os riachos. Deus termina todas as Suas obras e nos transmite as Suas mensagens. Muitas vezes nós não entendemos o que Ele quer nos dizer ou não percebemos o que Ele quer que façamos. E, seguindo nosso raciocínio humano, fazemos tudo errado, seguimos por caminhos estranhos e difíceis, tomamos trilhas incorretas, tortuosas e ilegais, assumimos doenças e dores que nos torturam.

É preciso conviver bem com Deus, que somente deseja o nosso bem, o melhor para nós.

O nosso maior amigo!

O GRANDE MESTRE... Jesus Cristo é, realmente, nesta vida aqui na Terra, o nosso maior amigo. O mais fiel, o mais pronto a nos atender sem nunca nos criticar, sem nunca nos ofender, sem nunca nos xingar. E nunca RECLAMANDO de nada, nem nos apontando ERROS como fazem todas as pessoas (pais, irmãos, parentes, cônjuges implicantes, filhos e os que pensamos amigos!). Jesus Cristo me ama de fato, o verdadeiro amor, o amor puro! Quantas vezes, numa terrível aflição, Ele nos socorre! Quantas vezes, numa dor ou doença, Ele é o nosso melhor médico sem cobrar nada, sem sequer esperar uma recompensa ou desejar um agradecimento (porque Ele só sabe agir pelo AMOR).

Não precisamos ficar tristes e solitários, imaginando-nos abandonados, mal-amados, rejeitados ou indignos. Não! Nunca estamos sozinhos... Ele está sempre ao nosso lado, tão vivo como nos tempos de Jerusalém! E, para ele, nós somos sempre AMADOS, QUERIDOS, ÚTEIS, DIGNOS e BEM RECEBIDOS.

Podemos estar na miséria, sujos e sem dinheiro; para Ele não importam as coisas do mundo, nem posses, nem riquezas. Tanto faz ser pobre ou ser rico, estarmos no meio de uma grande família ou isolados no alto da montanha ou sedentos no deserto da vida! Tanto faz para Ele, que é bonníssimo e misericordioso, amigo fiel e sempre pronto a nos ajudar, a nos compreender, a aceitar os nossos arrependimentos e a nos perdoar totalmente. Quantas vezes Ele nos quer dar uma VIDA NOVA e nós não entendemos! Não sabemos ou não queremos, teimosamente.

RENASCER NO ESPÍRITO abandonando todos os apegos, paixões e ilusões deste mundo cheio de erros e maldades. Mas ele é o nosso maior amigo e não perde a esperança de nos ver um dia RENASCIDOS! Grande amigo! Fantástica amizade que está sempre do meu lado, não importam as circunstâncias... Maravilhosa graça e poder; também quero AMÁ-LO muito, muito mesmo, acima de todas as coisas deste mundo. Não quero nunca me sentir sozinho, nem abandonado, nem triste no deserto. Quero ter a alegria de tê-Lo ao meu lado, sempre, até o fim dos tempos.

Pedir perdão pelos erros do passado

Uma conversa íntima com o Poder Superior do alto, com Deus ou com o santo ou bom espírito de nossa devoção, é um excelente remédio para acabar com as más lembranças. Vamos ver as estrelas, mesmo pisando na lama.

Vamos pensar em acontecimentos felizes que tivemos, temos tantos e esquecemo-nos deles. Vamos imaginar lugares bonitos e tranquilos, nós em uma casinha simples e limpa em frente a um lago bem azul, refletindo o céu brilhante. Vamos pensar na PAZ maravilhosa que o Cristo nos dá quando a solicitamos com fé.

Pense num amanhã melhor, com Deus.

Não posso me prender ao passado e me aborrecer tanto, nem ficar pensando no futuro e viver preocupado. Para mim, só pode existir o momento PRESENTE, no máximo o dia de hoje! Manhã, tarde e noite... Amanhã já será outro dia. O passado, o ontem, já passou. E o futuro, ou mesmo o amanhã, ainda virá.

O perdão que pedimos por nossos erros do passado é a chave para o esquecimento. Esquecer algo é cobri-lo com o manto do perdão.

Entenda: você pode ser feliz

Nós já nascemos, neste planeta, com todas as faculdades para desenvolver uma vida proveitosa, sadia, útil ao semelhante, bem-sucedida em qualquer setor, próspera e com paz de espírito. Temos tudo para uma vida confortável. Se saímos de um emprego, que o próximo seja mais rentável e de melhor ambiente. Assim, uma mudança não nos trará angústia, nem medo ou preocupação. Será para melhor; pense assim e acredite, e então realizará o seu desejo otimista.

Solte as algemas
que o prendem
ao antigo estado.
E o tempo será
o seu aliado
positivo.

Deus, o médico divino

O que é a cura divina? A cura divina é a infusão da essência de vida do poder sobrenatural de Deus em um corpo humano, para renovar suas energias e substituir a fraqueza, o sofrimento e as dores pela vida sadia desta essência de vida perfeita de Deus Pai. Faça a essência de vida de Deus fluir, penetrar no seu corpo doente, no corpo todo, em todas as partes, não importa onde esteja a doença. Mas você tem que acreditar mesmo, ter uma forte e firme fé de que receberá a força divina no interior de seu corpo, por direito e herança, porque você é filho de Deus. Não tenha pressa, não se aflija, nem exija nada de Deus.

**Apenas confie,
acredite e
agradeça como
se a doença
já estivesse,
desde já, curada,
resolvida.**

Prece

Muito obrigado, Senhor, pela minha cura divina, sois boníssimo, todo-poderoso e misericordioso. Perdoastes todos os meus erros até agora, redimistes-me os pecados, salvastes-me do maligno e das forças negativas dos maus espíritos. Muito obrigado, Senhor. Não tenho mais nada a pedir, somente a agradecer. O resto, as coisas materiais, eu sei que virão por acréscimo, automática e naturalmente. Primeiro, a ligação ou sintonia convosco. Segundo, a minha cura completa, no devido tempo. E finalmente tudo começará a melhorar na minha vida. Obrigado, Senhor.

Controlar as emoções e o dinheiro, numa vida digna. E não ser controlado pelas paixões e pelo poder material deste mundo cheio de erros. A simplicidade é uma virtude que nos leva à verdadeira felicidade e ao poder espiritual. Nada há mais prejudicial, dizia o mestre, do que amar o dinheiro. Esse amor perverte o juízo e seduz o coração, que se perde. Paixão e não necessidade. Quem se apaixona pelo dinheiro fica obcecado pela cobiça, com o espírito ambicioso e preocupado, ansioso, pronto a vender sua alma imortal em troca de um bem perecível. Os homens mais puros, os mais firmes em Deus e os santos, têm sempre o coração desprendido do dinheiro.

Há quem viva com as maiores riquezas, em mansões ou castelos – mas são "pobres de espírito". Nunca ninguém conseguiu provar, até hoje, que o dinheiro, o poder e a fama – por si sós – trazem-nos felicidade.

Por mais que a vida nos possa dar ou tirar, uma coisa é absolutamente indispensável: que o homem não perca a fé em SI MESMO, que ame Deus e que conserve imaculada a honra, aos próprios olhos!

"Não se aflija – acalme-se e saiba que eu sou Deus." E para quem está com Deus, não haverá nada impossível. As flores voltarão a nascer após a neve, o sol voltará a brilhar após a tempestade, os pássaros voltarão a cantar quando chegar o verão, a lua e as estrelas voltarão a luzir quando cessar a neblina. E a felicidade baterá de novo nas suas portas, caro leitor e querida leitora. Que maravilha! Acredite, confie em Deus Pai e no seu próprio poder interior... E que esteja sempre com você a PAZ de CRISTO.

Vença os testes da vida

Por que muitas vezes você se magoa ou fica com raiva? Por nada. Não é por causa do que fazem as pessoas… Mas simplesmente porque você queria e exigia que elas fizessem da maneira que você desejava! Você quer e exige que uma pessoa siga à esquerda, ela entra à direita. Você dirige uma pessoa para gostar do vermelho, e ela prefere sempre o amarelo. Você espera que a pessoa faça-lhe uma coisa, e ela faz outra diferente. Afinal quem é você? Você mesmo, autêntico, ou a outra pessoa? Ora, viva a sua vida e deixe os outros viverem as deles; elimine as exigências e não tente mais mudar ninguém. Nem deseje que as pessoas façam ou gostem exatamente como você quer! Cada um é dono de si, e nem os pais são proprietários da vida dos filhos. Então, as pessoas poderão comportar-se como bem entenderem, ao mesmo tempo que você viverá sempre em PAZ, tranquilo, sem culpas nem ilusões.

O mundo é como você pensa que ele é... Você mesmo é aquilo que você imagina que é... As pessoas são o que você considera que elas são... Não existem os maus e perversos, eles são um eu falso vivendo sob as influências dos maus espíritos e dos seus caracteres malformados, principalmente na infância e na juventude.

Todos podem se regenerar. Se quiserem melhorar... Ninguém pode modificar ninguém. Um criminoso só deixará o crime se ele mesmo desejar. Um alcoólatra somente deixará a bebida por conta própria. Um jovem toxicômano só largará o terrível vício quando ele se conscientizar do grande erro e do seu suicídio lento...

A cada um pertence a própria vida, e todos nós somos os únicos donos de nossos destinos. E por isso eu afirmo sempre: não é difícil ser FELIZ. Basta querer… E acreditar. Todos, sem exceção, podem ter PAZ DE ESPÍRITO.

Nossa ligação com Deus

Não confiemos no poder dos "milagres" para a realização do nosso Objetivo Principal Definido. Confiemos, sim, na força da Inteligência Infinita para nos guiar pelos caminhos naturais e com o auxílio das leis comuns para sua realização. Não esperemos, entretanto, que a Inteligência Infinita nos leve, como mágica, ao nosso OBJETIVO PRINCIPAL DEFINIDO. Em vez disso, esperemos com calma e FÉ que ela nos mostre os meios e momentos pelos quais poderemos (e iremos) atingir tal OBJETIVO. Deus só nos atende através de nós, sintonizados com Seu reino de luz o tempo todo. “Orai e vigiai”... para ter o sucesso e a paz de espírito que você merece, caríssimo leitor ou leitora, um desejo honesto e inspirado, uma coisa boa que surge em nossa mente como inspiração, mesmo que dê muito trabalho para realizá-lo.

Todo homem ou mulher é capaz de fazer tudo o que acredita poder fazer. Se Deus nos dá uma ideia boa e positiva, Ele nos dá forças e condições para realizar essa ideia. Acredite e agradeça.

O “Reino de Luz”, em algum lugar do Universo cósmico, é o tempo e o espaço de Deus Pai, único poder máximo. E ele tem sua ressonância dentro de nós; isto é, estamos ligados o tempo todo a esse espaço secreto das altas esferas. “O Reino de Deus está dentro de nós”, afirmou Jesus Cristo com firmeza e convicção. Deixe este mundo, sempre que puder, e encontrará a sua PAZ.

Todo homem ou mulher é capaz de fazer tudo o que acredita poder fazer. Se Deus nos dá uma ideia boa e positiva, Ele nos dá forças e condições para realizar essa ideia. Acredite e agradeça.

Fé, vida simples e honesta

Nós podemos vencer qualquer situação difícil ou aflitiva se a enfrentarmos sem o espírito do medo, mas com atitude de fé e luta.

Mas uma luta calma, confiante, sem mágoa ou raiva, lúcida e consciente do seu poder interior e também do Poder Superior de Deus. Uma luta calma, educada, porém fortíssima!

Como as orações são atendidas

"Deus responde as orações das pessoas que O agradam..."

"O objetivo supremo da oração não é meramente o bem da pessoa do peticionário, mas a hora de glória do nome de Deus..."

"Quem não tem vida correta não terá seus pedidos atendidos, a não ser após um primeiro pedido: de ter forças e iluminação para se corrigir, após arrepender-se, sozinho em silêncio e oração, dos seus erros e pedir perdão a Deus Pai. Então, sim, depois de perdoado e limpo, suas petições serão atendidas, principalmente se não forem egoístas e orgulhosas!"

Agora sou eu

Os milagres podem acontecer. E acontecem, em resultado da meditação constante e das preces de toda noite. Entre, todos os dias, no silêncio de Deus. Sozinho, bem relaxado, no seu quarto ou outro cômodo, sem ruídos ou barulhos e, se quiser, de frente a uma vela acesa. Medite conosco, entre em nossa corrente de orações todas as noites por trinta minutos, entre 21h e 23h. Principalmente nas terças-feiras, que é o dia semanal da Filosofia da Esperança. Acredite, os MILAGRES podem acontecer…

A pessoa otimista vê as possibilidades de uma coisa ou um negócio. A pessimista vê as suas falhas.

As grandes diferenças entre um otimista e um pessimista são: o otimista pensa, imagina e faz planos positivos para o futuro próximo. O pessimista vê as possibilidades muito distantes e só pensa nos erros do passado e em dificuldades. O pessimista não imagina nada positivo para qualquer realização e só tem pensamentos negativos. O pessimista se julga prático e acusa o otimista de sonhador... O otimista tem sempre mais probabilidade de vencer, de ter sucesso. O pessimista é sempre mais fracassado do que vitorioso. Porque o semelhante atrai o semelhante, e nós somos o que pensamos.

A velhice não é o fim

Esforçamo-nos mais em ajudar as pessoas a atingirem uma idade avançada do que a desfrutá-la...

Façamos de nossas mudanças uma aventura para melhorar! Se temos que mudar de cidade, que seja uma cidade melhor. Se moramos num castelo e temos que sair, procuremos um *château* ainda melhor. Se vivemos num rancho ou numa choupana, rezemos para encontrar um rancho ou uma choupana maior e mais confortável.

Viver o hoje e esperar o amanhã

Bom mesmo é o amanhã.

Com fé – em Deus e em nós mesmos.

Sim, acreditar que Deus é Pai boníssimo, e que tudo vai dar muito certo... Que seus planos serão todos realizados, sem paixão, sem ilusão, sem alarde.

E a vida continua, chegará a velhice, é o fim. Mas...

E daí? Ficará sua frondosa árvore bem plantada, os amores que teve, seus filhos, netos e bisnetos daqui a pouco.

Continuará, *ad infinitum* – e suas obras, para sempre!

Você existiu – olhe seu retrato na parede.

Oh, como ele era jovem e lindo!

Sim, o amanhã…

Salvem esses novos planos, ainda estou vivo!

Sempre fogem de nós as grandes e pequenas estrelas de nossas lembranças de vidas cansadas. Cansadas não de lutar ou trabalhar, mas muito cansadas de tanto sofrer e chorar. Ficamos exaustos de tanto sofrer e não sermos compreendidos. Sem ter PAZ de ESPÍRITO, tantas vezes, tudo então parece errado, punido, rejeitado, proibido, difícil. Somos eternos escravos deste mundo maluco. Ou seremos nós os forjadores de nossas pobres grades lacrimosas? Talvez sejamos os próprios feitores das grades de nossa prisão de sofrimento…

Uma vida melhor

Nossa paz de espírito e a alegria que a vida nos proporciona dependem não do lugar onde estamos, ou do que possuímos, ou do que somos, mas unicamente de nossos hábitos positivos e das nossas atitudes mentais.

Você tem uma MENTE que pode controlar e, como essa mente pode absorver a Inteligência Infinita à sua vontade, logicamente você tem a solução para todos os seus problemas.

O Poder Cósmico de Deus, lá no Reino de Luz, está ligadíssimo a você... E pode lhe fornecer os meios para adquirir todas as coisas materiais de que necessita. Não desligue sua fabulosa sintonia astral com o Reino de Luz; esteja o tempo todo, dia e noite, ligado mentalmente a essa maior força espiritual de todo o Universo.

Nenhum de nós pode tornar-se realmente GRANDE e vencedor se sentir-se humilhado muitas vezes. E insignificante, pequeno, fraco quando se compara ao mundo que nos rodeia, às estrelas que brilham acima de nós e à harmonia com que o Universo e a natureza realizam o seu trabalho.

Para vencer os problemas

Seja qual for o seu problema, leitor, sejam quais forem as suas dificuldades, você poderá liberar suficiente força espiritual para resolvê-los. O segredo é simples: rezar e acreditar. Mesmo que seja de solução difícil, creia, acredite que do alto, do Reino de Luz, virá a força de que necessita, com ideias de Deus que você talvez nem imagine. Faça suas orações e súplicas, peça ajuda. Com muita FÉ, repita seu pedido – entre no silêncio poderoso de Deus. Afirme que não tem forças suficientes para enfrentar a grave situação, seja ela qual for. O segredo básico da religião ou do espiritualismo está na verdade... E na FÉ! Quando você aprender a ter FÉ, se tornará a FORÇA DIVINA, a vitória em PAZ sobre os problemas. Você também será poderoso. Ninguém, nem nada, pode vencer Deus.

Nem que sejamos segmentos da consciência de Deus, ou uma essência do Poder Cósmico, uma parte da inteligência máxima de todo o Universo e que, por isso, sejamos grandes e poderosos. Não, não concebo assim a nossa parte. Acho e sinto que somos espíritos em evolução, criados com grandes poderes interiores, e com vida psíquica eterna.

Estamos, no momento, de passagem por este mundo chamado Terra, rumo à casa de Deus Pai. Esta nossa vida atual é mais uma passagem de aperfeiçoamento, em busca da perfeição necessária para sermos aceitos no Reino final de Luz, Amor e Paz. Teremos que voltar a viver em outros mundos, depois que deixarmos a Terra (morte só para a Terra, porque somos espíritos eternos).

Em cada passagem por novos mundos, cada vez melhores, vamos evoluindo e nos aperfeiçoando, vamos corrigindo os nossos principais erros e crescendo em nossos talentos e dons especiais.

A infelicidade existe porque existem também o medo e a preocupação. Em vez de sofrer por um problema, procure conhecer, estudar, analisar o problema. Não é difícil, ninguém tem poder sobre sua pessoa senão você mesmo! Muitas vezes deixamos nosso trabalho cansados de nós mesmos e de nossas disputas.

E voltamos para casa cansados das brigas dos outros. No entanto a nossa consciência (a minha, a sua) tem para nós muito mais importância e peso do que a opinião do mundo todo... Cuide de sua consciência, de sua paz de espírito, e deixe a fama, muito dinheiro, o poder e a glória efêmera para os outros. A consciência do homem é o oratório de Deus...

Quanto aos pensamentos torturantes, o alívio certo vem quando você abandona, calmamente, todo o esforço para forçar as respostas. Renove-se, renasça, torne a nascer no espírito, na mente e nos pensamentos. Abandone esse EU falso, antigo e destruidor. Muitas coisas suas davam errado, muitos planos falhavam, muitos esquemas de vitória eram derrotados porque o seu EU falso e antigo impedia as suas vitórias, em todos os setores. Seja uma pessoa nova, renascida.

Seja o seu EU verdadeiro. Existem vários meios de alcançar sua independência positiva e real. Você é livre, você é o seu maior amigo e também pode ser o seu próprio destruidor. Muitos erros você cometia (ou comete) impondo a causa e a culpa aos outros ou às citações. Nada disso pode funcionar, você tem que assumir o "você mesmo", verificar que tem plena força e direito para errar ou para acertar, para vencer ou para perder. Toda a SUA força e poder estão dentro de você mesmo! Entenda, analise, aceite essa grande verdade. Ninguém pode lhe fazer MAL se você não aceitar...

Tenha um ótimo plano

Um dos piores sofrimentos – a ansiedade – deriva do pior dos males: não saber para que se está neste mundo. Por isso, dizemos que a ANSIEDADE se parece com um suicídio lento e com a região da morte. Nietzsche dizia que quem tem um objetivo na vida é capaz de suportar qualquer coisa. Eu acrescentaria que a vida que tiver sentido jamais vai conhecer a ansiedade ou a angústia, pelo menos aquela ansiedade profunda e permanente. O "sentido da vida" – ou um objetivo traçado, pensado e realizado – pode ser a salvação de muitos males e mentiras, a imagem colorida de uma vida feliz e maravilhosa. Saber viver, saber por que se vive neste mundo, ter um objetivo a ser realizado, sonhar acordado e com pensamentos positivos.

Como realizar os seus desejos

A visualização criativa, pela imaginação, de um desejo como já realizado é um poder de realização, atributo natural do ser humano como filho de Deus. E também o que diferencia o homem das outras formas de vida, fazendo com que tenha a capacidade de administrar o seu próprio destino! A imaginação é o nosso dom mais precioso, talvez a nossa maior força espiritual. Somos absolutamente livres para pensar e imaginar tudo o que quisermos, até os desejos e vontades mais fantásticos. Ninguém, nada, pode nos proibir de pensar ou cortar nossa imaginação!

Vence aquele que não imagina o fracasso. A imaginação é poderosa, pode ser positiva ou negativa. As pessoas muito cautelosas não conseguem realizar coisa alguma, nem esquecer nenhum contratempo negativo que tanto machucou. As pessoas pessimistas são como caranguejos, que andam sempre para trás em todas as circunstâncias. Já as pessoas decididas e corajosas, que têm FÉ em DEUS, que confiam em si mesmas (e nos outros), acabam conseguindo liderar a massa ignara, são líderes que sempre vencem e dominam.

"Eu conseguirei. Eu posso. Eu confio. Aquilo que aconteceu são águas passadas. As nuvens negras se afastam do sol, e brilhará um novo e belíssimo horizonte, com meu lindo arco-íris de cores cintilantes. Eu sinto Deus Pai me avisando do sucesso que terei. Tudo se renova no mundo, sempre para melhor para quem sempre espera o melhor. Obrigado, Senhor."

As maiores realizações foram a princípio um sonho! O grande carvalho dorme na bolota do pequeno caroço. A grande águia espera dentro do ovo, e, na mais alta visão da alma, agita-se um anjo desperto. Os sonhos são a semente da realidade. Tenha bons sonhos ou planos de vida. Desperte a ação, sonhador esperançoso, sintonizado com a consciência cósmica. E realize...

Abraham Lincoln, um dos maiores presidentes dos Estados Unidos, só se tornou grande depois da decepção que lhe causou o seu amor por Ann Rutledge, e as inúmeras eleições perdidas lhe transpassaram, feriram e iluminaram a alma!

Você já se desapontou muito. E sofreu reveses temporários, sentiu seu grande coração esmagado dentro do peito? REANIME-SE, seja uma pessoa renascida. Lembre-se de que as desilusões ajudaram a temperar o metal espiritual de que você é feito e têm um valor incomparável.

Por que umas pessoas, até más, egoístas e orgulhosas, são mais tranquilas e nada de muito ruim lhes acontece? Respondo: primeiro, essas pessoas tão más (etc.) não são tão tranquilas quanto aparentam.

Elas parecem ser felizes, mas no íntimo, no interior e nas suas consciências, são até muito sofredoras, complexadas, e se sentem culpadas e não merecedoras. Mas, espertamente, não demonstram o que sentem. O que aumenta as suas agonias. Em segundo lugar, uma pessoa que sente mais os problemas da vida neste planeta, uma das passagens rumo ao paraíso celestial de Deus Pai, é ESCOLHIDA pelo cosmos para ser mais evoluída e chegar mais depressa à meta final, para poder ser recebida nos portais ou umbrais do templo máximo da felicidade eterna.

Assim, quem é escolhido por Deus recebe uma carga maior de testes para resolver, e evoluir. Recebe mais obstáculos para superar, mais situações difíceis para enfrentar e sair vitorioso e mais forte; tem mais tentações, tempestades e golpes para lapidar (torna-se mais puro). A sua alma, um espírito assim posto à prova, torna-se merecedora de ter sido ESCOLHIDA por Deus Pai, que ama demais esse filho ou essa filha, para ir logo (se vencer os testes) para seu reino de luz, amor e paz...

Portanto, enfrente as adversidades se você for um desses ESCOLHIDOS do poder infinito de Deus. Mesmo porque muitos são os convidados, mas poucos os escolhidos para o banquete real.

Enfrente, decidido – com calma, resignação e coragem –, os testes e problemas que tiver pela frente. Saiba que todos os obstáculos, reveses e doenças são lições de vida! Enfrente-os e vença…

Agradeça a Deus, em vez de reclamar e se lamuriar. Alegre-se, como fazem os mais santos, por ser uma pessoa selecionada pelo exigente e fantástico Poder Cósmico de Deus – um Pai maravilhoso que muito o ama e espera por você na sua morada, onde todos, sem exceção, conseguem ter PAZ DE ESPÍRITO…

Crescendo espiritualmente, um indivíduo resolve todos os problemas pessoais porque todos os problemas são iguais perante o Poder Cósmico de Deus. A Inteligência Infinita não distingue uma condição errônea no mundo social, comercial ou financeiro. Qualquer infração que seja um obstáculo à paz e à felicidade não passa de um mesmo problema, não sendo diferente um do outro no que se refere ao cosmos, que a tudo abrange. A falta de espiritualidade causa todos os obstáculos à paz e à saúde.

Completa felicidade

Não seja, nunca, dominado pelo SEXO. Controle os seus desejos sexuais. Apele para a oração positiva sempre que se vir tentado. E a tentação, no mundo de hoje, está em toda parte. Não sucumba à emoção do sexo. Seja mais sentimental do que emocional. O amor de sentimento supera muito o amor de emoção material.

Sexo! Essa coisa animal, forte, que aprisiona e amarra, fugaz e passageira, mas muito destruidora. Ilusão que atrai, atrai até demais… Mas pode nos dominar, se cedermos e cairmos na tentação; pode nos aprisionar, acorrentar e tirar toda a paz de espírito. Nunca seja dominado pelo SEXO. Não rima com ser feliz.

Muitas vezes encontro pessoas com problemas mentais provocados pelo abuso do SEXO, pela "sexomania" ou pela paranoia sexual. Certa vez, recebi a carta de uma leitora: "Professor, eu sou uma mulher forte e sadia, não sou idosa, tenho apenas 55 anos, e meu marido não me quer na cama, é alcoólatra, e por isso eu não faço sexo! É horrível, senhor Raja, tem dia que eu penso em morrer... Que ódio!".

Viram vocês, caros leitores, quantos erros essa mulher demonstrou cometer, num único parágrafo? Primeiro, ela se diz forte e sadia – e eu sei que não é, inclusive tem também problemas com a bebida e já foi internada três vezes. Em segundo lugar, ela se considera jovem (isso é até bom), embora tenha já 55 anos...

Bem vividos. Em terceiro, ela exige que o marido vá sempre para a cama com ela. Tem mania de sexo, mesmo sem nenhum amor, sexo material.

Mesmo porque, conforme eu disse a ela, a falta de sexo não mata ninguém, muito menos uma senhora de 55 anos. Os mestres iogues do Tibete, aqueles benditos e espirituais sábios do Himalaia, vivem até noventa, cem anos.

Comendo pouco, dormindo ao relento nas noites quentes e vivendo na mais perfeita castidade. O sexo não consta do programa de nenhum deles. E lá, naquele recanto maravilhoso do Oriente, ao norte da Índia e ao sul da China (para onde eu me projeto, pelo menos uma vez por mês, em transporte psíquico-espiritual), estão também as puras mestras ou lamas femininas, que não fazem sexo, são solitárias, meditativas e felizes.

A falta de sexo não mata ninguém. Pelo contrário, até vitaliza, dinamiza o organismo e fortalece o cérebro, os sentimentos, a imaginação, as inspirações artísticas e os momentos de calma e paz... O sexo é um vício da imaginação, como a bebida, as drogas etc.

Em quarto lugar, tem dia que, por causa de suas carências, ela pensa em morrer. Quer dizer, suicidar-se ou se autodestruir (daí o seu alcoolismo). Um erro absurdo, um pecado grave e uma ingratidão com Deus, que lhe deu a vida e gosta muito de cada um de nós. Querer morrer é não ter AMOR no coração.

E quinto, quando manifesta o seu ódio, ela demonstra detestar a vida, o mundo, as pessoas, os familiares, a rejeição do marido, o alcoolismo dele e dela... Tudo, enfim. E todo mundo sabe os malefícios que o ÓDIO faz ao próprio organismo de quem odeia: doenças de todo tipo. Portanto, por essas e outras, não me foi muito fácil ajudar essa sofrida pessoa, essa mulher que estava no fundo de um abismo por ela mesma cavado.

A parte do alcoolismo e do sexo foi mais fácil, mesmo porque ela não bebia constantemente e tinha apenas crises fortes e destruidoras; e, quanto ao apego carnal, ela reconheceu que o problema estava só na sua mente e nos seus pensamentos. Mandei-lhe a oração "A chaga do ombro de Jesus", e ela não recaiu mais na bebida, não inventava mais álibis e desculpas para cair no álcool. E não ficava mais só pensando em sexo. O mais difícil foi ela aprender e habituar-se a PERDOAR.

Aprendeu que o perdão a tudo e a todos, principalmente ao seu marido, lhe traria uma grande

PAZ. E que, se elogiasse o marido e o tratasse bem, nunca reclamando de nada e rezando para Deus iluminá-lo, talvez ele até deixasse de beber. (Foi exatamente o que aconteceu, depois de apenas três meses: o marido, bêbado por vinte anos, deixou completamente a bebida e vive sóbrio, é uma outra pessoa.) Agora essa minha leitora é feliz e, principalmente, deixou o abismo para uma verdejante colina de luz, amor e muita paz...

Os alcoólatras e os toxicômanos não são pessoas más. Nem são, como os acusam a sociedade e as famílias, pessoas irresponsáveis.

Não, meus leitores, eles são também filhos de Deus e têm (como todos) a centelha da essência de Deus em seu interior. Só que a chama divina deles ainda não resplandeceu o seu maravilhoso brilho. Porque tanto o alcoólatra como o toxicômano, ou o angustiado, o deprimido e o neurótico ansioso, são pessoas doentes. E precisam, antes de mais nada, de ajuda, da ajuda de todos nós.

Não se aflija

Muitos se afligem e entram em pânico, por um problema mais grave ou um obstáculo sério nesta vida terrena. Eu, porém, invoco Deus, e o Senhor me salva!

Não é a fuga ou a aflição que salva, mas a oração ouvida por Deus Pai, por Nosso Senhor Jesus Cristo, nosso maior amigo – a oração intensa, cheia de fé e esperança, e repetida. "Em Deus e no Reino Espiritual eu acredito e nada temerei. Deus não falha, nem abandona quem suplica Sua defesa e Seu socorro!" "Oh, Deus, livraste-me várias vezes – e continuas me protegendo, não obstante meus erros."

Infeliz é quem não suplica com humildade a divina ajuda de Cristo em suas dificuldades. Quem entrega seu problema para o Grande Mestre Jesus até esquece a aflição, porque confia naquele a quem entregou o obstáculo!

Nele está a solução. Jesus Cristo é um Ser divino, mas se fez homem e viveu aqui na Terra para aprender, ver e certificar-se das fraquezas, dos erros, das ilusões, dos fracassos e dos pecados humanos! Por isso, Ele entende os nossos problemas e as nossas necessidades de ajuda, perdão e misericórdia. E pela sua divina bondade, quer nos ajudar, quer ser nosso maior amigo. Por que não aceitar essa oferta maravilhosa?

Estamos todos nós, eu e meus queridos leitores, empenhados numa luta para evolução espiritual, rumo ao INFINITO. É uma longa batalha, quando temos que derrotar todos os nossos ERROS, empunhar desde pequenos rifles até os mísseis mais poderosos. Mas chega um momento em que somos vencedores, com a ajuda de DEUS, nosso máximo aliado. Assim sempre será.

Medite relaxado e entre em sintonia com o alto, ligue-se ao reino de luz, amor e paz...

A droga e os filhos

Deixe-me prosseguir no conselho aos pais. Muito bem, vocês já entenderam que precisam dedicar o máximo de AMOR para o filho ou a filha vítima das drogas. Entenderam, também, que devem agir sem egoísmo – pensando apenas no bem do filho, sem pretender retorno, pagamento ou retribuição. Tem que ser um amor incondicional.

Viram que é preciso ter calma, paciência e persistência. Não se precipitar. E não se enganar, convencendo-se de que o problema não existe. Porque existe, SIM, e é grave – urgente! É claro que, quando os pais estão vigilantes e atentos às atitudes dos filhos, percebem facilmente a conduta errada – mesmo sob disfarces e com desculpas e mentiras.

Mas a maioria dos pais nem liga para o que os filhos andam fazendo. Não se preocupam em ajudar, muito menos em elogiar e AMAR os filhos. Não orientam e não aconselham. Nem sabem (e não querem saber) o que se passa na mente e na vida dos filhos. Cometem o grave erro de BRIGAR (marido e mulher) na frente deles, com discussões, palavrões, ofensas e agressões perante os olhares espantados e inseguros dos filhos, que ficam neuróticos.

Além de desamor e descaso, brigas e sustos de todo tipo. E, muitas vezes, separações e divórcios. Os filhos de um casal assim só podem partir para a insegurança, o medo, o pânico da vida – e a revolta... Cerca de oitenta por cento dos toxicômanos são filhos de casais separados ou que brigam muito na frente deles, ou que não gostam deles, só sabendo xingar e ofender.

Por isso eu repito: os pais devem deixar de lado o egoísmo e o orgulho e partir para uma aceitação de CULPA – sim, de culpa mesmo. Porque os PAIS são realmente culpados, também culpados pelos erros dos filhos. Principalmente no caso dos viciados em tóxicos, drogas ou bebidas. Aceitem a sua parte de culpa. E, com essa percepção na mente, partam para a AJUDA com muito AMOR.

A não ser, é claro, que vocês não gostem do filho ou da filha que está com esse terrível problema. Mas, se amam, como eu desejo, partam para a luta, a linda e maravilhosa batalha em prol da recuperação daquela pessoa que vocês geraram, daquela pessoa que vocês colocaram no mundo num momento de êxtase, sexo e AMOR.

Lembrem-se, sempre, com devoção piedosa, de que aquele triste rapaz ou aquela desfigurada moça é um filho seu ou uma filha sua. Vocês são responsáveis por ele ou por ela. No momento de romance e paixão sexual que tiveram um belo dia, nem imaginavam que o fruto daquele fugaz momento de prazer iria resultar naquela pessoa que veio ao mundo como ser humano, sujeita a todos os problemas deste vale de lágrimas no mundo chamado Terra. Agora, despertem para essa verdade que não permite contestação. Querendo ou não, vocês são os pais da sofredora pessoa que agoniza um terrível vício que conduz à loucura e à morte prematura.

Mas ainda há tempo. Peçam ajuda a Deus e perdão por todos os seus erros até agora. Supliquem ajuda do Alto do Poder Cósmico do Pai, da Inteligência Infinita, da Mãe Santíssima que deseja proteger todos que lhe pedem. Saibam que os MILAGRES existem e acontecem para quem tem fé. Curas incríveis e julgadas impossíveis acontecem para quem quer e acredita do fundo de um coração arrependido por seus erros do passado.

O Grande Mestre Jesus Cristo perdoa todos que se arrependem, sem exceção.

E nem precisa pedir perdão; ele concede a absolvição pelo próprio arrependimento, pela intenção de não errar mais. É, Cristo perdoa não porque tem amor, mas porque Ele é o amor.

E ama tanto vocês, pais, quanto seu filho ou sua filha. São todos para ele muito amados... Lutem com fé, amor, calma, paciência e simplicidade, aceitando a verdade sem temer a sociedade, com persistência e resignação, sem culpar nem condenar o filho ou a filha, sem castigar nem xingar, internando numa clínica se for preciso (em benefício da própria vítima das drogas), visitando seu ente querido com carinho, ternura, boas recordações de sua infância e presentes afetuosos.

Demonstrem de viva voz e sempre que puderem que gostam do filho ou da filha; que vocês e todos da família os AMAM, AMAM muito, e querem sua volta para casa o quanto antes. Que todos sentem falta dele ou dela, que vai ser uma alegria esse retorno. Declarem AMOR e elogiem, exaltem essa pessoa querida...

E tenham muita fé, acreditem com convicção em Deus Pai, na Mãe Santíssima (que é a Mãe espiritual do seu filho ou da sua filha) e em Jesus Cristo, o Grande Mestre que está tão vivo hoje como nos tempos de Jerusalém. E é o AMOR. Que Deus e todos os Santos Espíritos abençoem o filho ou a filha e o casal de pais. Sucesso na cura maravilhosa e felicidades...

O passado não pode nos condenar

Um grande problema em nossas vidas não é aquilo que nos aconteceu, mas, sim, continuarmos a pensar no acontecido, sempre, diariamente. Parece difícil esquecermos o passado, o que de ruim nos aconteceu ontem, no ano passado ou há muitos anos. É difícil nos livrarmos de lembranças negativas. As boas e ótimas recordações parecem sumir na névoa de nosso tempo. Mas as negativas viram traumas, neuroses, e nos provocam tristezas e depressões.

O grande mal

O principal mal que o alcoolismo provoca, assim como a toxicomania ou qualquer vício, não é o mal físico, o corpo deteriorado que leva à loucura ou à morte. O maior dano é que a bebida, o tóxico e os vícios conduzem à psicose. As vítimas se transformam em psicopatas.

No mundo todo, existem muitos milhares de pessoas psicopatas, mas que não são percebidas como tais. Eles estão em toda parte e em todas as profissões, e ninguém sabe que são psicopatas; às vezes é um vizinho ou colega de trabalho. Mas não se alarme. Você tem um escudo protetor de Deus e saberá evitar qualquer conflito.

Mas, neste mundo, todo cuidado é pouco, como dizia minha avó materna, Dona Zizinha. Eu não digo que todos os alcoólatras e toxicômanos se tornam psicopatas, mas correm esse risco! E o psicopata é um doente mental muito pior – é doente de CARÁTER. A personalidade já nasce conosco. Mas o caráter é formado ao longo da vida, na vida que a gente leva. O doente do caráter não tem sentimentos como paixão, bondade ou solidariedade.

É frio e calculista. Não consegue controlar seus instintos. É quase sempre falante, sedutor e muito inteligente. Tem espírito de liderança. Quantos presos são capazes de produzir rebeliões sem que apareçam como culpados. Quando governantes ou em cargo de chefia, provocam injustiças, corrupções e irresponsabilidade como se não estivessem fazendo nada. O psicopata nunca reconhece que é um doente, até perigoso...

Sentimentos

Nossa meta principal é trocar a errada vida velha pela correta vida nova. A diferença é enorme. Não permita que os sentimentos negativos, ou pensamentos pessimistas, ditem seu modo de pensar. Afirme-se pelos sentimentos positivos e pensamentos otimistas. Fará muito mais bem para toda a sua saúde. E vitórias aparecerão na sua vida.

Recuse-se, com firmeza, a deixar que qualquer pessoa aplique pressão sobre você, de qualquer tipo. Em alguns casos, isso requer uma ação calma e educada. Em outros, é preciso firmeza mesmo. Não permita que qualquer pessoa dominadora ou mandona demais o leve a sentir-se calmo e senhor de si, em todas as situações da vida, mesmo nas difíceis e inesperadas. Ser você mesmo é um direito que Deus lhe deu.

Sua felicidade depende do que pensa de si mesmo. E quando uma pessoa lhe faz mal ou prejudica, sempre fuja dela. Evite as pessoas que não lhe agradam, não finja um prazer que não sente.

Você jamais deve assumir responsabilidade por erro alheio. Se outra pessoa erra (e não você), não assuma por ela, nunca. Ajudar ou consolar etc. é uma coisa. Colocar-se como quem errou é absurdo. Ajude a carregar uma cruz, mas não carregue você mesmo sozinho a cruz de outro; seja amigo, conhecido, filho ou pai e mãe.

Você pode ser feliz

Deus nos ama porque somos criação Dele! O Universo inteiro emite vibrações de amor, bondade e tolerância. E os maus espíritos ficam por aí, tentando atrapalhar tudo, querendo (e muitas vezes conseguindo) dominar este planeta, usando os falsos deuses do sexo e do dinheiro para conturbar as pessoas. Mas Deus nos enviou o espírito superevoluído de Jesus Cristo para atuar especificamente aqui neste mundo onde vivemos e sofremos. Não enviou Cristo para nos condenar ou fiscalizar, mas para nos salvar… Jesus é o amor cuja essência de vida espiritual vive até hoje, como nos tempos de Jerusalém.

E o ser humano, mesmo passados longos dois mil anos, ainda não entende nada sobre esse Grande Mestre e sua vinda para nos libertar do maligno, para nos dar paz, saúde e felicidade.

Cristo, com seus apóstolos simples e mambembes, sem templos nem igrejas, sem cultura, nem dinheiro, fez no mundo, com aquela humildade tão rica de ensinamentos, a maior transformação da história da humanidade.

O passado sepultado

Um leitor me escreve, perguntando minha opinião sobre as "viagens no tempo". Eu respondo que não deve haver a mínima possibilidade para uma viagem no tempo: viajar de volta ao passado ou de frente para o futuro! Sempre afirmamos que o passado já passou e não volta jamais! O tempo e o espaço não são retroativos.

Se uma pessoa anda ou se locomove dois quilômetros, por exemplo, percorrendo determinados pontos (como uma ponte, um trecho do rio e uma campina) ao longo de trinta minutos, não voltará a passar por tais pontos no mesmo dia e na mesma hora, porque um dia que já passou não voltará jamais.

É a mesma coisa que nos imaginar voltando no tempo aos primeiros anos de nossa vida, ainda criancinha. Uma pessoa que hoje tem sessenta anos, por exemplo, nunca voltará a ter um corpo de criancinha, engatinhando.

Como pode uma pessoa voltar no seu próprio tempo? A "viagem do tempo" será sempre uma ficção científica. Ou ilusão literária, como fez o escritor J. J. Benitez (espanhol) ao lançar o livro *Operação Cavalo de Troia*, no qual dois homens viajam no tempo numa nave espacial e descem em Jerusalém nos tempos de Cristo.

O herói do livro, homem vivo em 1985, realizou essa façanha e conversou com Cristo, Maria Madalena e os apóstolos e viu a ressurreição de Lázaro, presenciou sua volta milagrosa do mundo dos mortos e até ficou hospedado em sua casa, sendo atendido pessoalmente por Maria e Marta, irmãs de Lázaro.

Em entrevista a uma revista, o escritor J. J. Benitez disse que vendeu milhões de livros em vários idiomas. E afirmou que a grande maioria de seus leitores acredita naquela "viagem de volta ao tempo de Jesus". É claro que já li esse livro e não acreditei naquela narrativa cheia de fantasias. Só elogio o autor por sua caprichada pesquisa no Novo Testamento da Bíblia e em assuntos espaciais e de informática.

Mas, como o *New York Times*, um dos maiores jornais do mundo, publicou em agosto de 1990: "Embora talvez essas viagens nunca se realizem, o que é mais certo, um melhor entendimento das possibilidades ajudará a decifrar o enigma da gravidade, única força da natureza que até agora não pode ser explicada através do tempo e uma ideia desprezada pela física tradicional e até pela teoria da relatividade de Albert Einstein". Bem, para nós, viajar de volta no tempo é impossível. E prever o futuro, como fazem os profetas e os dotados de premonição? Ah, isso é outra história. Prever o futuro é muito possível. Quantas vezes recebemos um aviso ou uma intuição de que uma coisa está acontecendo ou vai acontecer, não é mesmo? E as profecias estão aí, para nos confirmar...

Nossa regra principal

Todos nós buscamos orientação positiva na vida. Sem precisar de ninguém para ser feliz ou ter sucesso e vencer na vida.

Somente você, que é pessoa única no mundo, sem semelhante – dona de seu destino, sua vida, seus gostos e amores, suas amizades, sua profissão e seus sentimentos.

Depende apenas de você, de mais ninguém, querer triunfar em sentidos materiais e espirituais – bastando ler, com muita fé e esperança, os livros escritos pelo filósofo Raja Marausha, que são os "Salmos" de nosso tempo, dos anos 2000, da Nova

Era de Aquarius. Esses livros já ajudaram milhares e milhares de pessoas que, sozinhas, fizeram sua ligação ou sintonia com seu Deus Interior e o Poder Cósmico da mente e conheceram a si mesmas, melhorando muito as suas vidas.

Esses milhares e milhares de pessoas são hoje alegres, felizes e sadios, são pessoas maravilhosas que renasceram e evoluíram o espírito, como VOCÊ também pode fazer. E sabemos que o que importa não são os dias que já vivemos, que já são passado e não voltam mais. O que importa, isto sim, são os dias que ainda VAMOS VIVER.

Tenho a mente livre e cheia de amor

Liberdade. Não me culpar, não ter complexos de culpa ou de inferioridade! Não me autopunir, de nenhuma maneira. Fazer o inventário do "eu tenho"... (muito mais para agradecer do que para reclamar). Liberdade e ação positiva, depois de renunciar a todo despotismo, medo, preocupação, pensamento e imaginação negativos. Ser livre para ser bom e correto. Ser livre!

Não depender de ninguém para ser feliz, para vencer na vida em todos os sentidos, para ser uma bela pessoa no sentido interior e mais espiritual do que material, para fugir de todo mal, livrar-se de todos os vícios (porque todos são vícios da imaginação), para ser um bom pai e uma boa mãe (independentemente de ter ou não dinheiro), livre para não depender de nenhum apego terreno para triunfar, não se prender nem se deixar prender pelas emoções do coração...

Lembro-me, eu sei que tenho Deus e todo o Poder Cósmico dentro de mim, no meu EU INTERIOR livre e independente! E assim seja, para alegria minha e de todos que eu amo. Que ruja o furacão, sempre há de vir uma solução... E essa fé e esperança são maravilhas dentro de mim.

Posso estar naufragando num mar revolto. Ou perdido numa floresta perigosa. Posso estar numa situação aflitiva no campo ou na roça verdejante. Não importa o obstáculo, a tortura, o medo ou perigo que eu esteja enfrentando. O que importa é a minha FÉ em Deus, a minha resignação para o infortúnio, como teve Maria, mãe de Jesus. Importa a minha esperança convicta de que não serei abandonado à sorte, na minha aflição presente.

A minha inabalável crença de que lá do alto, do reino de luz, paz e amor, Eles estão vendo o meu problema e se preparando para me ajudar. Não importa se acredito em Jesus Cristo, Buda, Confúcio ou Bosatsu, em santos ou espíritos, em fitas da Bahia, amuletos ou candomblé. Porque eu acredito sempre num Poder Superior que virá me ajudar, agora e sempre.

A paz e a verdade acima de tudo

Domine a si mesmo e nunca tente dominar os outros. Viemos a este mundo, mas não temos culpa se somos infelizes. Somos fracos, não temos nada. Não temos também a glória se somos felizes. Nem sempre adianta lutar e pensar positivo.

Deus Pai às vezes acha melhor perder a batalha para, quem sabe, não haver mais sofrimento depois. Ninguém conhece os desígnios de Deus. Com a Sua inteligência sem fim, Ele limitou a nossa inteligência – não passamos de certo ponto. Ninguém sabe, por exemplo, nada do que ocorre após a morte corporal. Nem se vamos para outros mundos. E quem falar que sabe está mentindo, imaginando ou inventando. Porque é um segredo de Deus.

Se enfrentarmos uma infelicidade, um acidente ou a perda de um grande amor, por exemplo, não temos somente fé ou crença em Jesus. Temos uma profunda confiança, admiração, respeito, amor e convicção no Grande Mestre Jesus, o Cristo – maior Ser humanizado de todos os tempos.

Temos convicção e confiança nos verdadeiros ensinamentos místicos e maravilhosos de Jesus, um espírito superevoluído. Sabemos, temos conhecimento, sabedoria alicerçada em longo tempo de estudo, pesquisa e prática iluminista e científica – sabemos que Cristo veio a fim de nos salvar, de ajudar a humanidade cheia de erros, falhas, ilusões e pecados graves a encontrar o caminho certo da verdade, do amor, da ajuda ao próximo, da tolerância, do perdão incondicional, da simplicidade, do trabalho e da paz.

Tudo continua

Aceite uma atitude de futuro! O passado não volta (mesmo) mais – de jeito nenhum. Pense no amanhã, esqueça o ontem, e obrigado, Senhor.

Sempre que eu tiver um problema ou obstáculo, uma dor, uma aflição ou um temor, recitarei o mantra *Christum Pax*, a PAZ DE CRISTO, com calma, e muitas vezes.

Este livro foi uma fórmula divina, inspirada do alto – e infalível. Eu mesmo, mensageiro desta orientação mística e cósmica, fiquei assustado depois do meu renascimento no espírito. Porque renasceu também a minha carne; não só o espírito e a mente, mas também o coração. Fiquei mais sadio e sem problemas crônicos (permanentes) que eu tinha de doenças longas e doloridas. Melhorou, muito, demais, o meu estado físico, já com 62 anos! Porque acabou a desarmonia (brigas) em casa e na família. Tudo começou a se entender melhor.

Um caso triste, como sempre

Sandra é uma moça linda de 23 anos, que foi encaminhada por um psiquiatra que ela vinha consultando, semanalmente, havia um ano, para tratamento de DEPRESSÃO. No dia anterior ao encaminhamento, seu pai chamou o psiquiatra e perguntou-lhe se sabia que quase todas as noites ele tinha de levantá-la do chão para a cama, depois de ela ter caído semidesmaiada por bebedeira. O psiquiatra, muito embaraçado, porque jamais tinha pensado que Sandra poderia ter um problema com bebida, a encaminhou para avaliação e tratamento. O médico avaliador dos casos constatou que Sandra era uma jovem extraordinariamente atraente, muito linda mesmo, porém quieta e reservada. Em uma conversa com a mãe da bonita alcoólatra, ficou sabendo que Sandra era acanhada, afastada de todos e que ficava em casa quase o dia todo.

Com surpresa, soube que essa jovem mulher, de uma beleza fora do comum, se considerava sem atrativos e sem valor nenhum. E que, numa ocasião recente, dissera para a mãe: "Seria mais fácil sair de casa se eu tivesse um saco sobre a minha cabeça, para ninguém me ver...".

Esse era um caso de sentimentos negativos, como quase sempre, um problema psicológico de autoimagem negativa em nítida contradição com os fatos evidentes.

Cada alcoólatra tem seu motivo forte e compulsivo que o faz beber. E bebidas cada vez mais fortes.

No mundo inteiro, o alcoolismo destrói a vida de muita gente e acaba com várias famílias. Um dos motivos que fazem uma pessoa cair nesse abismo e beber demais é o complexo de inferioridade, ou sentimento de inadequação, ou não gostar de si mesma, com autoimagem negativa.

A pessoa pode considerar-se fraca e inadequada para enfrentar os muitos estresses da vida cotidiana. Ela acha que não vale nada, não pode vencer. Pode julgar-se, no seu íntimo, tão insegura que muitos desafios de menor importância parecem terríveis a ponto de se sentir compelida a escapar de todos eles, e muitas vezes essa fuga de TUDO é a inconsciência causada pelo álcool.

Ela bebe para fugir. E depois, passando mal de ressaca, bebe novamente para fugir daquele mal-estar. E vai, e vai...

Alcoolismo é escapismo e negação. Mas todos os bebedores negam que sejam doentes, porque o alcoolismo começa pequeno e simples, mas cresce cada vez mais e se torna uma dolorosa doença – física, mental e espiritual.

A única cura é parar com tudo de UMA VEZ, de repente nem mais um gole. Porque um GOLE só pode ser o começo do seu FIM.

Não adianta dizer "eu sou controlado, eu sei o quanto posso tomar – eu sei parar na hora certa". Ora, meu Deus, isso não existe; ninguém, ninguém mesmo, sendo já doente da bebida, sabe quando deve parar. O único jeito é EVITAR O PRIMEIRO GOLE, porque puxa mais um só, mais outro só, oh... SÓ o penúltimo, ou o último... "Esvazia, esvazia sua alma, e ela se encherá com o eterno." "Para quem tem muita condição para receber, muitíssimo lhe será dado."

"A solidão é a armadilha de quem fecha os olhos para a vida." "O ermitão nunca está só, ele capta as emoções e as ilusões que fervilham no ar que respira na caverna e as projeta na esfera universal dos que não se rendem ao inevitável." "Bastou o seu olhar para fazer nascer em mim uma rocha de serenidade e sua palavra de amor para provocar um silêncio capaz de construir outros mundos." "A energia transcendental de Deus Pai é transformada segundo a vontade convicta de nossos corações."

O problema do amor perdido

Se existe realmente o amor entre duas pessoas, nada fará o amor acabar: nem o divórcio, a separação em paz ou na briga, o conflito dos egos deturpados e feridos. Nada joga na ruína um prédio bem construído, isto é, edificado com o amor verdadeiro. Não digo com o amor do sexo ou a atração corporal de uma possível beleza física. Atração erótica, sexual ou de prazer... Não é amor. Nem sequer amizade e sexo. Estou falando do casal que se separa após momentos felizes de amor verdadeiro, talvez até puro, ou mesmo misturado com o sexo, os filhos e a família.

O amor cuja separação causa dor – às vezes, muita dor e sofrimento, angústia, depressão, melancolia, lágrimas constantes, neurose, fadiga e vontade de não viver mais. Pode ser muito mais simples uma separação amorosa, ou a perda do amor. Quem sabe a troca do amor pelo ódio e pela raiva... Mas pode ser muito triste, de causar pânico. Como fazer no caso de uma dolorosa separação de um casal? O amor perdido, os sonhos desfeitos, os planos derrubados, o prédio da vida em ruínas, prestes a desabar. Desesperar? Entrar em pânico? Ficar doente mental e mal se alimentar? Chorar o tempo todo?

Ou se contorcer em raiva, rancor e ódio, acusando o outro de todos os males do mundo? Embriagar-se? Começar a usar drogas? Descontrolar-se e descontrolar a vida própria e de toda a família? A culpa é sua; se souber amá-la, ela não o deixará por outro!

E assim por diante. Daria para escrever três livros sobre divórcio & cia. Mas tenho que resumir o máximo possível, para poder ajudar. É preciso que haja, de um lado ou de ambos os lados, estes sete itens básicos:

1. Calma e modéstia
2. Paciência
3. Tolerância
4. Compreensão
5. Muito espiritualismo
6. Espírito de ajuda ao próximo
7. Mais silêncio e menos falatório

Voltando a se unirem ou não, fazendo as pazes ou não, reconciliando-se ou não, as sete normas básicas são indispensáveis. Para o separado ou divorciado viver bem o resto de sua vida sem traumas, nem complexos de culpa. Outra coisa importante é não ter CIÚMES e lembrar-se dos parentes e amigos; a ideia fixa no cônjuge separado é horrível.

Esqueça o máximo de RUIM que puder; o passado já passou, não volta jamais. O francês Daniel Darc escreveu uma coisa muito interessante. SÓ estou comentando. Disse ele: "Um marido que foi traído por sua mulher não precisa se vingar. O amante se encarregará disso". Olhar com tentação para a bonita mulher do próximo já é uma forma de adultério. Mais vergonhoso é viver desconfiando da mulher, de ser traído por ela. O amor conjugal pode ser o intercâmbio de duas fantasias com o contato de dois egoísmos.

Em casos de AMOR, a amizade é necessária, mas a fidelidade pode ser um luxo. Quando no AMOR não existe nem um pouco de loucura, não é amor. Tudo num grande amor é triste. Mas, mesmo triste em tudo, é a coisa melhor que existe. Em matéria de AMOR, tudo é verdade e tudo é falso. É a única coisa no mundo da qual se podem dizer absurdos. No amor de verdade, puro e sincero, vale tudo... O amor é a mais nobre fraqueza de espírito. É uma mágica que não se consegue explicar. E quando se dissolve, desmancha ou separa, foi uma ilusão ou um delírio que ninguém entende.

Para moças e rapazes

Meu caro jovem, não dependa de ninguém, não. Se você não se cuidar, ninguém cuidará por você. Enfrente a vida de peito erguido, de cara e ombros levantados, não baixe a cabeça nem curve as costas. Nunca fique de cara fechada ou com expressão de tristeza e derrota. Saiba de mais uma verdade: nós somente estamos derrotados quando aceitamos a derrota e realmente achamos que fomos vencidos.

Porque não é a vitória que faz uma pessoa, mas a LUTA que ela trava. E, mesmo ferida e exangue, quando se levanta de novo, parte com garra para a revanche e ganha a batalha. Aquele que pensa que vai VENCER será vencedor. Acredite. Você pode ganhar a luta, vá em frente, enfrente com coragem essa dificuldade, solte esse obstáculo, suba ao cume da vitória com fé e esperança.

E repito: não dependa de ninguém para ser feliz nem para vencer na vida. Você tem dentro de si mesmo toda a força de que precisa, o seu Deus Interior. Cuide de si mesmo, acredite no poder mental, saiba que é filho de Deus. Faça uma autoanálise. Veja os seus pontos fracos, estude a si mesmo! Por fora e por dentro, faça uma reforma geral em si mesmo. Cuide-se bem, porque ninguém cuidará por você. Não dependa de sua mãe, seu marido, seu pai, parentes e amigos, nem de seu patrão, chefe ou professor.

Porque você mesmo tem que carregar sua cruz. Ninguém deve carregar para você. As pessoas podem ajudar, mas não viver por você! Viva você mesmo a sua vida, seja autêntico, enfrente tudo altaneiro e cara a cara, passo a passo. Nunca fuja de um problema, nem de uma responsabilidade, ou adversidade, revés ou compromisso.

Não tenha medo de nada nem de ninguém – nem se preocupe demais. Tudo nesta vida tem solução.

Mensagem de paz

Paz, tranquilidade da alma. Certo rei construíra seu palácio esplêndido. Olhando as paredes, pensou: "Como seria ótimo um quadro que transmitisse PAZ, segurança ao espírito no meio de todos os problemas de meu reino!". Resolveu convocar os pintores mais famosos e pedir que eles fizessem um quadro que transmitisse paz e tranquilidade. Os artistas puseram em ação os seus talentos. Um pintou uma bela cena pastoral, campos, ovelhas pastando tranquilamente e um jovem que se regozijava na paz e quietude da tarde. Outro pintou um quadro com um sereno lago entre montanhas e altos picos nevados com grandes e belos pinheiros. Vários quadros procuraram transmitir a mensagem proposta pelo rei.

Mas o quadro classificado pelo soberano e colocado na parede da sala principal do palácio foi o que representava uma cena tempestuosa na costa. Grandes ondas quebravam-se nas rochas, e as árvores eram açoitadas pelos ventos bravios. Negro era o céu, relâmpagos fuzilavam uma grande tempestade, e, na fenda de uma rocha firme, estava uma pomba tranquila no seu ninho, a descansar em paz no meio da tempestade.

Essa é uma mensagem de paz. Grande paz têm aqueles que são mais espirituais que materiais, que não se preocupam com as tempestades terrenas da vida. Quem só sente o corpo e as posses não tem paz, que é uma dádiva de Deus. Jesus é o príncipe da Paz, e aqueles que realmente se apropriam de Cristo como seu Mestre e amigo pessoal desfrutarão paz, alegria, segurança – mesmo que ao redor haja tempestade e lutas. *Christum Pax* é a paz de que o mundo precisa.

O reino espiritual de nosso EU verdadeiro não é comida, nem bebida, nem luxo, orgulho ou egoísmo. Não há crises, doenças, problemas, medos, preocupações nem insegurança. É um reino de justiça, paz e alegria no Espírito Santo de Jesus.

Glória a Deus nas alturas, e PAZ na Terra aos homens que têm um santuário no coração.

Luzes da trilha mística

Pensando bem, toda preocupação é absolutamente desnecessária. Todas as pessoas têm um EU verdadeiro (EGO mais espiritual) e um EU falso. Ninguém que vive com base no EU falso, sempre enganado, está livre das preocupações, que advêm de noções erradas a respeito de nós mesmos. Todos os vícios são compulsivos, isto é, fazemos aquilo como obrigação, como necessidade básica – mas, no fundo, pelo EU verdadeiro ou EGO espiritual, não queremos fazer. Apenas não conseguimos deixar de fazer. Cometemos os nossos vícios ou erros de modo compulsório, viciadamente. Livrar-se da mania de preocupar-se não é fácil. Menos fácil ainda é livrar-se de um vício qualquer – seja beber, fumar, praticar sexo, jogar etc. Porque o nosso EGO falso está acostumado e disposto a nos comandar – mesmo sem estarmos pensando naquilo. O EGO compulsório e errado, falso EU, usa O DESEJO, e não O PRAZER. E isso é fundamental.

Quando vivemos com base em nossa FONTE verdadeira, ficamos descansados e sem preocupações. Devemos deixar de imaginar coisas negativas. Vamos tentar derrubar, acabar com o EGO FALSO ou EU destruidor da felicidade. Não vê as crianças? Elas ainda não têm o EU falso e influenciado pelos erros da sociedade e do mundo. As crianças, até certa idade, não têm vícios nem se apegam a sexo e dinheiro, nem a fama, luxo e riqueza.

Depois, mais idoso, o ser humano perde a inocência, o correto, o simples e a verdade positiva da vida, descambando para as falsidades e os tremendos erros que quase todo adulto comete – inclusive os vícios da imaginação. Cuidado, dê um jeito de acabar com suas ILUSÕES e seus vícios.

Más lembranças nos afligem

Liberte-se sempre das lembranças dolorosas do passado. Faça uma profunda e sincera autoanálise, ou estude o seu próprio ontem. Descubra onde estão os seus mais torturantes saudosismos – o que aconteceu de pior ou de ruim, o que lhe feriu o coração, o que o magoou muito, o que machuca a sua mente. Pense com calma, em paz.

Descubra e livre-se. Liberte-se de toda lembrança muito negativa. Esqueça tudo, de agora em diante, e passe para uma vida nova, livre do passado (que não volta mais), livre da escravidão do ontem e do leite que já foi derramado. Viva, a partir de hoje, uma VIDA NOVA, mais positiva e otimista, sem ilusões tolas que escravizam e ferem nossa alma. São apenas meras ilusões, sonhos, até delírios e imaginações doentias. Viva o hoje mais feliz e planeje o amanhã, com a certeza divina de que tudo já deu certo. Agora, sim, já deu certo. Faça o seguinte: liberte-se dessas lembranças dolorosas do passado. Entregue todo o passado negativo ao seu maior amigo e Mestre Jesus Cristo, que perdoará tudo, todo erro seu. Reze e medite, com fé e simplicidade. Esqueça. Não fique pensando em nada, nem por que essas lembranças o ferem até hoje. Esqueça. Não se sinta culpado por coisa alguma. Você já está perdoado e abençoado. Foram lições de vida que o ensinaram a viver melhor. Agora veio a paz, *Christum Pax*, essa riqueza interior fantástica que cura tudo... São novos os seus horizontes. São maiores e melhores as esperanças. Um lindo arco-íris surgiu da sua tempestade. E uma manhã dourada já está esperando por você.

Casos que sempre acontecem

"Deus nos ama, e, para Ele, cada um de nós é único."

E os Salmos nos dizem:

"Deus nos amou primeiro; é um Pai que nos adora, antes de o adorarmos."

Deus nos manda a força total do Espírito Santo (a essência do Poder Cósmico) para nos ajudar em tudo que quisermos ou pedirmos. Podemos cometer os erros mais absurdos; se recobramos a lucidez e nos arrependemos, então estamos salvos e livres de qualquer castigo ou punição.

A não ser, é claro, que já tenhamos errado pensando em pedir o perdão que virá. Isso seria fazer chantagem com Deus. "Vou matar, arrepender-me e então serei perdoado." Mas, na vida normal e comum, cheia de erros, enganos e ilusões, ainda que ninguém nos entenda e todos nos persigam e acusem, Deus Pai continua a nos amar. E, em muitos e muitos casos, nos ama e perdoa. Isso não é uma questão religiosa. Os erros acontecem com todo mundo, seja rico e poderoso ou pobre e fracassado. More numa mansão tipo palácio ou num simples casebre da roça.

Todo mundo erra, todos nós nos afastamos sempre de Deus. Muitos até vão à prisão, ou ao sistema hospitalar de urgência.

Outros caem lá no fundo do abismo. Conheço um senhor muito inteligente e culto como um sábio. Já tinha idade avançada e vivia somente em casa ou no sítio que possuía. Seu nome era Isidoro.

Tinha dinheiro seguro no banco e guardado nas suas duas moradias. Mas tinha sido um tremendo de um pilantra. SÓ pensava em dinheiro… E mulher. Jogava, bebia e fumava. Trapaceava em tudo que fazia. "Roubo de classe", dizia ele. Orgulhoso, preconceituoso, sexomaníaco, ganancioso e tudo mais. Ganhou dinheiro, mas perdeu a saúde. Com cinquenta anos, parecia ter mais de setenta e sofria de mil doenças. Perdeu a saúde e a alegria.

Mal podia andar e sentia dores no corpo inteiro, principalmente nos ossos e nas costas. Isidoro Caco, o chamavam. Impotente, nem podia mais querer mulher nenhuma. Se jogava, perdia. Se bebia, mesmo pouco, passava um mal horrível de ressaca. Comia mal, não conseguia dormir direito, vivia reclamando da vida. Um dia, um velho monge que vivia numa ermida perto do sítio do Isidoro recebeu a visita cambaleante do rico vizinho Isidoro Caco.

Conversa vai, conversa vem, Frei Carlos lhe disse, calmamente: "Se você quer viver mais um pouco, em paz, tem que seguir certas regras". Ansioso por saber, Isidoro perguntou ao velhinho

Frei Carlos: "Quais regras?". "Em primeiro lugar, deixar de pensar bobagens, essas ilusões que até hoje perturbam sua cabeça." "Mas eu não tenho ilusões, caro Frei", respondeu. "Ora, meu querido amigo, você viveu a vida toda nas tolas ilusões deste mundo. Mas ainda existe tempo para uma pequena recuperação. Tudo o que você fez foi seguir as emoções das ilusões. Agora chega, a vida continua bela e tranquila." E Frei Carlos continuou: "Além do mais, você deve fazer vários autoexames, ou exames de consciência, ou reflexões sobre seus inúmeros erros do passado". "Mas isso é impossível!", retrucou o ricaço.

"Está bem, não precisa sofrer tanto. Mas tem que deixar de pensar besteiras, de se influenciar pela mídia, pelo consumismo e materialismo." "Consumismo?" "Sim, compras desnecessárias, ilusões de ofertas comerciais e industriais, consumo... De consumismo. Futilidades inúteis... Para quê?" "Sim, sim, compreendo. E não jogar, nem beber nada, não fumar um só cigarro, não me apaixonar pelas garotas lindas e novinhas... Oh... Tem a Selma, a Mimi, a Nicole, Adriana. Esquecer? E um golinho daquele conhaque... Um, dois litros."

"Chega!", falou alto o monge. "Esqueça tudo, nem precisa refletir sobre o passado. Ufa... Não sei como ainda está vivo até hoje. Quantos anos?" "Eu, sr. Frei... De certidão tenho cinquenta anos, pareço ter setenta, mas de vivência lá vão mais de oitenta anos bem vividos. Quantos anos ainda posso viver?" "Bem, se ficar bem quieto e sossegado, fazendo suas orações, coisas úteis... O senhor reza?" "Muito pouco, não fui acostumado a isso." "Bem, vou até ensinar umas técnicas de meditação... que vão ajudar muito." "Remédios?" "Não, nada de remédios fortes e venenosos, que intoxicam e deixam muitas marcas. Meditar e entrar em contato com Deus. É refletir ou pensar coisas boas e bonitas, pedir muito perdão ao Poder Cósmico, do alto, de Deus, pedir perdão por tudo de errado, ruim ou até perverso que já fez na sua longa e agitada vida." "Meditar, todo dia?" "Sim, se for possível, o dia inteiro, um pouco mais, um pouco menos. Mas, principalmente, arrepender-se, sr. Isidoro, estar sempre arrependido de tudo de errado que fez e pedir perdão. Depois de meditar, esqueça, vá fazer coisas de que gosta... Viver sua última e bonita estrada." "Oh, que bom, sr. reverendo e amigo Frei Carlos. Muito, muito obrigado."

Com as novas regras, o grande pecador ricaço Isidoro Freitas ainda viveu, e muito bem, mais 25 anos. Morreu em paz aos 75 anos, com nove filhos e treze netos. Não sofria de mais nada. Meditava e rezava três vezes por dia. Contava casos e piadas (muitas e muitas repetidas) e era ouvido e amado por todos.

Nunca é tarde para se arrepender, ser perdoado e viver uma vida digna.

No gelado Tibete

Nas montanhas altaneiras do Himalaia, onde os mestres invisíveis da fraternidade branca perambulam procurando alguém para ajudar, algum iniciado para orientar, é comum a gente encontrar pessoas altamente espiritualizadas.

Alguns iogues do Tibete levitam, isto é, no momento de meditação ficam acima do chão, flutuando o corpo no ar. Vamos explicar a levitação, alcançada também por grandes santos. Um iogue assim é muito mais espiritual do que corporal, físico ou material. E como a lei da gravidade só existe para a matéria, puxando para o chão tanto mais quanto maior for o peso, ela não atua no espírito, que não tem peso nenhum. O ser espiritual, facilmente e sem querer, levita, paira no ar acima do chão.

Ao mesmo tempo, uma pessoa assim quase não se alimenta, nem tem fome. Não sente frio; mesmo no frígido inverno das montanhas himalaias e apenas coberto por um fino lençol branco, enfrenta o vento nevado e cortante. Bebe muita água, mesmo porque o corpo humano é 70% água, e aproveita os deliciosos riachos e cascatas nascidos nas minas de pedras.

Uma virtude desses puros iogues é a determinação! Paul Bruton conta que um dia foi visitado no retiro por dois swamis. Um deles falou o tempo todo e contou muitos casos da vida deles. O outro ficou calado a tarde inteira, e o máximo que fazia era prestar atenção e sorrir de vez em quando. Indagado sobre o porquê do swami calado, aquele que falava muito explicou: "Meu colega está em regime de silêncio... E há doze anos não fala".

Vejam vocês, doze anos sem falar, em regime de silêncio completo! É demais para nós, não é mesmo? Realmente, em matéria de espiritualismo, força de vontade e determinação decidida ainda estamos engatinhando. Somos, aqui no Ocidente, ainda muito fracos.

Força espiritual

Nunca nos conformemos com uma derrota. Podemos levantar-nos de novo, sacudir a poeira e dar a volta por cima. SÓ está realmente fracassado quem aceita que está...

E não continua a lutar. Quem pensa que já perdeu a batalha, na verdade, já perdeu. Mas quem acredita que ainda pode reagir e vencer de fato vencerá...

As piores aflições chegam sempre para as pessoas mais fortes. A força espiritual enfrenta as mais duras batalhas e os maiores obstáculos e sai sempre com os bravos da vitória. Por isso, o êxito e o sucesso chegam mais depressa para as melhores pessoas, as mais evoluídas como gente.

Não pense que você é o único jovem a ter problemas e dificuldades na vida. As maiores e mais notáveis personalidades da história foram e são sempre aquelas que lutaram e venceram grandes lutas. Aquelas que nunca desanimaram nem ficaram pessimistas, mesmo no fundo de um abismo.

Você sabe que não é a vitória que faz um homem, mas a luta que ele trava contra as tempestades furiosas no alto-mar da vida, contra o furacão no ressequido deserto e o terremoto na colina entre montanhas de neve. Minha querida leitora, na flor da vida, faça resplandecer o seu brilho. Enfrente tudo de rosto erguido, confiante no seu EU interior, na sua imensa força pessoal.

Você pode, você consegue. E você sabe que não basta querer, é preciso acreditar! Não importa o lugar onde você está, o dinheiro que você tem ou não tem, não importa circunstância nenhuma em sua volta. Erga-se, levante e siga firme em frente... Enfrente tudo com coragem e otimismo e alcance os seus objetivos. Realize os seus sonhos, por maiores que eles sejam – porque, para se tornar grande, você precisa pensar grande.

Quem se sente mendigo sem solução jamais será rei. Avante, avante, que a luta ainda está no começo, e o campo é muito vasto. Pense, sinta e faça tudo positivo, com otimismo e entusiasmo. Seja vitorioso... E feliz!

Deus se une conosco

Quando o Santo Espírito de Deus está conosco, não precisamos ter medo nem nos preocupar com coisa alguma. Deus nunca decepciona os que confiam nele e quem une a sua força cósmica à própria força divina interior, no santuário de seu coração. Essas duas forças, de Deus e do interior da própria pessoa, juntas tornam-se infalíveis.

E nos mantêm autoconfiantes, seguros e corajosos. Sem a preocupação que nos amarra e não resolve nada. E quando estamos unidos a Deus temos mais senso e juízo do certo e do errado – e não nos acometem desejos desnecessários, fúteis ou prejudiciais. Você, caro leitor ou querida leitora, me pergunta se é muito difícil fazer essa força dual, Deus e nós.

E se precisamos procurar um templo, uma igreja, uma seita ou uma sinagoga? Não! Não é difícil, nem precisa procurar nada exterior, seja cerimônia ou ritual. Basta se isolar no silencioso e calmo. E ali, sozinho, você relaxa numa cadeira ou poltrona. Procure não pensar no mundo nem em coisas da vida terrena, nem em negócios ou preocupações. Desligue-se, pense em coisas alegres, espirituais, pense no amor puro, em lugares ou cenas bonitas, na natureza, em pássaros, flores e cascatas dos riachos.

Afaste-se do corpo e dos cinco sentidos: nada veja, nada cheire, nada coma ou beba nem toque em nada. Entre no mundo espiritual, através de sua própria mente e imaginação, penetre no reino de luz, amor e paz. Depois de relaxado e calmo, comece sua meditação pessoal. Busque a essência de meditação pessoal.

Busque a essência de Deus e converse com Ele, a sós, acreditando na realidade daquilo invisível. Você não vê Deus, mas acredita na presença Dele, junto a você, naquele momento. E reze: "Senhor, infunda-se no meu interior, no santuário de meu coração. Penetre na minha alma, Senhor, e permaneça comigo. Deixe em mim o Seu Santo Espírito – para me iluminar, orientar e proteger, em tudo na vida. Peço-Lhe perdão pelos meus erros e desde já agradeço por Sua presença em mim e por me haver perdoado por todas as minhas falhas, erros e omissões. Acredito que, agora, tudo dará certo. Esperarei sempre pelo melhor. Graças a Sua bondade, Senhor meu Deus e meu pai eterno. Muito obrigado. Amém".

A natureza

Vamos reagir enquanto é tempo. Ainda existe muita gente boa no mundo, ainda há possibilidade de consertar tantos erros que nós mesmos cometemos. Começando por não incendiar mais as nossas próprias casas. Incrível, devastamos nossas florestas. Devemos cuidar mais, com carinho e amor, de nossa natureza mundial, tão bela e exuberante, frutos de Deus para nossa alegria e exaltação. Não sejamos ingratos e criminosos contra tantas plantas e tantos animais. Tudo foi criado por Deus para o nosso bem, para ter saúde e viver bem. E não para a maldade e a destruição daquela doação maravilhosa.

Vamos suplicar ao Poder Cósmico que quebre as pedras dos corações. Que acabe com tanto orgulho e ganância, por fama e poder, posses e dinheiro, riqueza e tolos consumismos, abuso do crescimento científico e informativo. Pedir a Deus que tire dos jovens as ideias de serem robôs mecânicos e não talentosas mentes. Robôs pelo vício na ciência avançada, sem bondade nos corações de pedra, sem nenhuma vontade de ajudar o mais fraco, o mais pobre e sem recursos, o mais doente, os mendigos de Deus. Que haja, enfim, mais ajuda ao próximo. Vamos todos reagir enquanto é tempo.

Seja um vencedor

Amanhã será sempre um novo dia. Somente com a mente calma e a paz de Cristo podemos resolver os nossos casos negativos. Não adianta se afobar, precipitar ou ficar aflito, por nada neste mundo.

Olhe sempre o lado bom de todas as coisas e de todas as pessoas. Todas as pessoas têm seu lado bom, e tudo que nos acontece é uma lição de vida que temos que aprender. A nossa passagem pelo planeta Terra, rumo à morada de Deus Pai, é um teste cheio de problemas e dificuldades. Muitas situações nos constrangem e afligem. O mundo é assim. Mas, se soubermos enfrentar (e não fugir) as dificuldades, passaremos pela Terra com uma nota ótima em nosso boletim cósmico. Partiremos depois para um mundo muito melhor, porque estaremos evoluídos. Duas pessoas, numa mesma situação difícil, agem de maneira diferente. Uma se revolta, agride, xinga, perde a fé em Deus, acha tudo um inferno.

Outra aceita o problema com resignação e agradece a Deus a oportunidade de evoluir sua alma. Aumenta sua fé, age filosoficamente, aprende a lição de vida que aquilo encerra e consegue resolver tudo. Porque aceitou, enfrentou (com Deus) e não fugiu, por mais grave que fosse o problema. Resolveu e vive em PAZ... Nós poderemos dominar tudo quanto nos acontecer, se confiarmos em nós mesmos, se adotarmos uma atitude filosófica de não resistência – e se acreditarmos que temos o reino de Deus em nosso espírito, em nossa alma.

Reze sempre esta oração: "Eu sei, Senhor, que as dificuldades são inevitáveis. Quero ter forças para não fugir delas... E coragem para enfrentá-las! E peço Vossa ajuda para transformar cada problema meu, simples ou grave, em exercício positivo para evoluir a minha alma! Que cada aflição seja um teste divino para me indicar o caminho da verdadeira e infinita felicidade".

Todo problema está no próprio ser humano

Todos os sintomas negativos em nossa vida têm uma única causa negativa: a falta de espiritualismo!

Mas, se crescemos no espírito, dando mais valor e prioridade a este do que à matéria corporal, então acabaremos com todas as nossas origens e aflições. Pelo espírito, será automática a solução dos nossos problemas. Porque estaremos, o tempo todo, sintonizados e ligados ao Poder Cósmico de Deus Pai, que nos ajudará em tudo, porque nos ama.

É muito grande a importância da leitura (ler bons livros, sempre), do imaginário, da criatividade e da fantasia na vida das pessoas que querem evoluir e crescer com a gente! Histórias, sonhos e fantasias, o real e a ficção, a ciência e a arte, o mistério e o insondável, a busca e o tesouro, a luta e a ilusão, o desejo e a perda, o amor, o romance e a ternura, o vento e a brisa do outono nos levando os pensamentos. As pessoas de hoje (serão modernas?) não se interessam mais por lendas, fábulas, parábolas, analogias nem contos de fadas. Não gostam sequer dos pássaros e das flores, da natureza, nem do campo e da roça. Quanta beleza estão perdendo... Por essas e outras, os homens de hoje reclamam que não são felizes. Porque eles próprios estão construindo a sua infelicidade e cavando o próprio tumulto do desânimo e da depressão. E por isso está cada vez mais rara a alegria de viver.

Seja firme e decidido

Compreenda que a felicidade (ou a paz de espírito) jamais pode ser encontrada na simples arrumação das suas coisas materiais.

Nós todos somos espíritos, e não matéria. Este corpo nos serve para aparecer, manifestar-se como pessoa existente e viva na Terra. Mas não é o nosso EU verdadeiro, eterno, perfeito e majestoso; nem adianta maltratar e destruir o corpo. Continuamos ESPÍRITO, filhos de Deus. Por maior que seja a nossa fé em Deus, ainda é pouco. Temos que ter uma fé convicta, acesa, viva, pura e limpa, infantil. Temos que ter uma mente calma ou espírito de bondade, amor incondicional, perdão, tolerância e paciência, de muita ajuda aos outros, de muito auxílio ao próximo, de calma, de alegria, e não de raiva e ódio, de crença profunda nas nossas raízes divinas espirituais.

Vivermos até o infinito. Mesmo que você não entenda isso, pode acreditar com fé profunda, porque Deus nos fez assim, e Deus não falha nunca.

Veja só o imenso e fantástico Universo que Deus criou: as estrelas, os planetas, os sóis, as galáxias e todos os sistemas que existem em perfeita ordem e harmonia. Não existe nada mais sensacional do que as criações exclusivas de Deus Pai. Não podemos duvidar do seu magnífico e esplendoroso Universo total, lindo e perfeito do qual fazemos parte.

E o ser humano é também maravilhoso.

A mina de ouro

Quem não tem nada, mas não tem que se preocupar em perder nada, tem a maior riqueza do mundo: a paz de espírito. É feliz... Dorme o sono dos justos e tem boa saúde física. Quase não gasta com médicos e remédios ou não gasta nada, seus remédios caseiros são de plantas ou frutas e resolvem seus problemas. O sistema de defesa do seu corpo (sistema imunológico) trabalha tranquilo e sem problemas.

Sua mente é lúcida e calma, porque não tem medo de nada, e o medo é um péssimo veneno. Primo da preocupação, faz um mal tremendo ao organismo. Essa pessoa (estou imaginando) não briga nunca, porque sabe que os conflitos são fortes demônios. Quando alguém vai lhe tirar a paciência, ela dá uma desculpa e sai fora. Não enfrenta o mal, como pediu Jesus. Quando tem que enfrentar uma má situação, nunca é na preocupação e no medo. Muito menos alimenta a má imaginação deturpada. O leitor já reparou que todos os vícios têm origem na IMAGINAÇÃO? Procure ler meu livro *Os vícios da imaginação* (mesmo título de um livro escrito no Rio, em 1940, pelo médico Dr. Gastão Cruz e que muito me impressionou). Mais de cinquenta anos depois, escrevi, inspirado nele, mas muito atualizado.

Eu acabo com o passado e esqueço todos os meus possíveis erros

Através da leitura deste livro, eu me aprofundo no conhecimento de que sou uma pessoa, FILHO DE DEUS, e não filho do mundo.

Estou renascendo no espírito e na mente. Visto pelos olhos humanos, eu ainda sou a mesma pessoa – mas meu EU verdadeiro e interior está completamente renascido.

O corpo real do ser humano é a consciência. Por isso, quando a consciência renasce e decide esquecer todo o seu passado negativo, não é mais aquela consciência errada do passado.

Agora eu penso, imagino e determino ações para o meu presente, para o hoje. E planejo, com sabedoria, meus desejos de uma vida feliz para o futuro.

Não importa mais o que me tenha acontecido no PASSADO, não importam os erros que cometi, por mais graves que sejam – porque já pedi perdão a CRISTO por eles e já fui perdoado. E o passado já passou e não voltará jamais. Foi-se... Desapareceu o filho do mundo e surgiu uma nova pessoa – este filho de Deus.

A verdadeira paz de espírito

Ter paz de espírito é muito diferente de simplesmente ter paz, ou estar tranquilo, em paz.

É muito mais profundo, constante e duradouro. Não é mera passividade, ou estar sempre omisso de tudo, parado o tempo todo, sem assunto nem objetivo ou esperança. Isso é ser PLANTA.

Paz de espírito é estar sempre sintonizado e ligado ao reino de luz, mas alegre, otimista e às vezes cheio de planos, projetos e objetivos. É estar sempre preocupado em ajudar alguém. É viver o sol quente, a chuva fria, o vento que vai passar, a música melodiosa de seu gosto, seu esporte preferido, ver e observar bem um bom filme da televisão ou do cinema, ler com entusiasmo um bom livro; nunca deixar de ler, afinal, existem livros maravilhosos.

Paz de espírito é uma pessoa estar tão embebida da presença do Espírito Santo de Deus que ela não se irrita com facilidade, não liga para ofensas ou acusações mentirosas, cobranças fora de hora, conversas tolas. É não ter vaidade fútil ou orgulho e ganância.

Ter essa PAZ é uma atitude altruísta de serenidade, calma e força, uma atitude positiva que responde a um ataque com bom ânimo, tranquilidade e quietude de espírito. É ser comandado e dirigido do Alto, por Deus, Cristo ou os Santos Espíritos. É viver neste mundo mas pairar acima dele, e estar num patamar mais alto de dignidade e valor mesmo sendo muito pobre.

Quando desejamos ter mais PAZ, Cristo entra em nossa vida para derramar nela um novo amor, sua própria vida, que se manifesta na mais colorida PAZ. Depois que ele penetra em nossa personalidade e se torna soberano em nossa mente, então nos tornamos homens ou mulheres de PAZ com diploma do Reino de Luz. Estaremos sempre em paz com Deus, com os outros e com nós mesmos.

E toda a estrutura do nosso caráter, conduta, negócios e conversação vai se modificando. Deixamos de ser plantas e nos tornamos GENTE mesmo.

Descobrimos que o Reino de Luz funciona firme na Terra e pode nos mudar de uma forma dramática.

Fugimos, até sem querer, dos maus gênios e criadores de problemas até em casa e na família.

Por outro lado, a paz de espírito, que é a Paz de Cristo (*Christum Pax*), produz a CURA de, principalmente, doenças mentais. Mas outras também. Porque ela fortalece a pessoa e o seu sistema imunológico. Principalmente atua em nosso sistema límbico, controlador das emoções.

E somos pessoas emotivas, o ser humano é dominado pelas emoções no mundo inteiro. Ou controlamos nossas emoções ou elas nos controlam. São as emoções (mais os sentimentos) que produzem quase todas, ou talvez todas, as doenças mentais.

Disse Cristo: "Eis que lhes trarei saúde e cura. E lhes revelarei abundância de paz e segurança".

*

Se você foi apanhado de surpresa e inopinadamente posto na defensiva, saia dessa situação. Tome a OFENSIVA, com positivismo, o mais depressa possível. Porque, se você permanecer na defensiva, será vencido.

Os que amam profundamente e vivem com alegria jamais envelhecem. Podem morrer de velhice, mas morrem sempre jovens.

O homem que vai mais longe é geralmente aquele que está disposto a FAZER e OUSAR fazer. "O barco dos que só fazem o que é certo e seguro nunca se afasta da praia", como disse Dale Carnegie.

Visualize, pense, imagine sempre para você o MELHOR acontecendo. Vicie-se em ser OTIMISTA. Imagine você sadio, com saúde total, curado de todos os males, longe de todas as notícias ruins ou negativas, alegre, dinâmico, corajoso (com Deus no seu interior) e muito feliz. E assim será.

Tornamo-nos aquilo que imaginamos. A imagem mental que tenho de mim mesmo tende a se tornar uma realidade. A visualização (ou imaginação forte e concentrada) tem um poder fantástico.

Transite, viva com calma entre a correria e a pressa. Não recuse a paz de espírito. Seja cordial com todos, sem sacrificar seus nobres princípios. Mostre sereno e calmo a sua verdade, mas escute a dos outros. Evite os barulhentos e agressivos, eles perturbam. Evite a vaidade e a mágoa, porque sempre haverá gente abaixo e acima de você. Seja humilde, por menos que seja, e não seja orgulhoso, por maior que seja. Não finja nem minta, seja fiel a você mesmo. Afinal, ainda existe heroísmo no mundo. Não engane no amor. Trate bem os mais velhos; quanto mais idoso, mais paciência. Console os tristes, desesperados e sem dinheiro, eles também são gente. Mas não exagere nem mostre ser entendido. Aquiete a imaginação, evite estar muito cansado, não caia na solidão do afastamento. Você é filho do Universo, como as árvores e as estrelas. Até as pedras têm o seu valor. E você queira ou não, o mundo continua a girar. Esteja, pois, em paz com Deus, com o Deus em que você acredita com fé, seus santos ou seus espíritos. Sejam quais forem suas lutas e os seus planos e objetivos, viva em paz com sua alma, mesmo no fragor das batalhas. O mundo está cheio de conflitos, de todos os tipos, mas viva e veja tudo do Alto, acima do mundo, sem se deixar queimar com o fogo das batalhas, na PAZ serena de Deus. Seja sempre mais espiritualista do que materialista.

Malgrado todos os erros, imposturas, durezas e decepções, o mundo ainda é belo. Tenha cuidado. Procure sempre estar com PAZ de espírito, seja o que for que esteja acontecendo. E Deus o ajudará.

O mundo, mais do que nunca, necessita de espiritualidade para compensar o excesso de materialismo que predomina atualmente nas sociedades modernas. Existe muito consumismo, compras desnecessárias, modismos sem valor, vaidades sociais tolas e perda de tempo à toa. Caso a humanidade não reaja, dando uma direção mais espiritual a seu futuro, não conhecerá a Idade de Ouro que deveria coroar o ciclo que acaba de iniciar e que, tradicionalmente, corresponde à Era de Aquário, o terceiro milênio tão falado em todas as profecias como uma época excepcional para o ser humano.

Grandioso, sim, mas de guerras e poderes? De pobreza máxima, fome, miséria e falta de ajuda aos necessitados de casa, comida e remédios?

Nossa doutrina da Filosofia da Esperança não cansa de repetir, trabalha e luta em prol de um mundo melhor.

Nossa verdadeira vida não está limitada a um corpo físico, seu núcleo principal está muito além da forma dos cinco sentidos físicos, da mente, da consciência e do sentimento e criação física. Veremos que nossa vida é eterna e ocorrem grandes transformações favoráveis à evolução do planeta e da humanidade.

A união de todos os povos deve ser em paz verdadeira, sincera, honesta e amorosa, colocando de lado nossos dogmas e tabus, imaginações e invenções de outros mundos, sem saber de nada sobre o pós-vida.

Vivamos uma vida boa e correta, aqui mesmo no planeta Terra. Isso nós podemos fazer.

Se uma pessoa atingir uma evolução espiritual grandiosa, não terá mais aflição ou circunstância negativa. Porque a evolução adquirida torna inútil uma experiência para o desenvolvimento interior.

Já terá consertado seus erros, já terá aprendido a viver, e a vida será harmoniosa e cheia de PAZ.

*

Eu adoro a história. Porque a história é vida, é o ser humano, é o homem, a mulher, a criança e os velhos. O que cada um pensa, imagina e faz não importa a época, porque tudo passa mesmo, mas fica sempre aquela marca de tudo que aconteceu. Só mudam os usos e costumes, porque o homem sempre foi igual nos seus erros e nas suas virtudes, tenha morado nas cavernas pré-históricas ou num luxuoso prédio de Manhattan em Nova York.

Não importa se os fatos se passaram na Idade da Pedra, no tempo das cavernas e palafitas, do início da civilização da Mesopotâmia, nos tempos dos faraós do antigo Egito, na época dos grandes filósofos da Grécia, nos tempos de Jesus e seus apóstolos, nos domínios de Alexandre, o Grande, nas conquistas de Carlos Magno e seus paladinos, nos memoráveis dias do Rei Artur e sua Távola Redonda, na Idade Média com as grandes mudanças do mundo, mais os reinados e feudalismos, a Inquisição e os misticismos, na época terrível da Segunda Guerra Mundial ou na era espacial de hoje com este imenso abuso de progresso técnico da informática e da ciência, e tudo mais, inclusive os erros da falta de moral e dignidade.

Mas aconteceu muita coisa importante e boa também. Fatos e histórias maravilhosas, de amor e ternura, de heroísmo, bondade, altruísmo, alegria e PAZ.

Épocas positivas também aconteceram, lindas e para sempre. Deixaram seu registro, suas ajudas e suas memórias. Mas agora pouco importa.

O importante é o que aconteceu. E, mesmo depois de tudo terminado, ficou a lembrança indelével, a memória inesquecível que vale como numa realidade atual.

Daqui a alguns anos, tudo o que já aconteceu na história da humanidade estará terminado. Mas não será jamais esquecido. A Guerra do Golfo Pérsico com Saddam Hussein, a queda do muro de Berlim e a Guerra Fria (entre Estados Unidos e União Soviética), o capitalismo, o consumismo, a globalização ou americanização mundial, o comunismo mostrando que não serve para uma vida digna, as guerras da Sérvia, Bósnia e Kosovo, as novas invenções, o crescimento dos povos e a falta de comida e moradia, o avanço da medicina, a vida dos grandes compositores das músicas inesquecíveis, a melhor literatura e os artistas com dons divinos – tudo prevalecerá, porque a história não morre nunca.

Recordar o passado é viver novamente. E a memória da História, mesmo lendária, supera o tempo e transcende o espaço. Podemos sentir, ainda hoje se quisermos, o ambiente e a vida do ser humano naqueles tempos gostosos da Idade da Pedra, quando se morava em cavernas e nem agricultura existia; para se alimentar, só havia a caça, as plantas e os frutos naturais, colocados no mundo por Deus para suprir o homem. E a ecologia era perfeita, a natureza transbordava de beleza e pureza.

Podemos voltar no tempo, até a época que quisermos, usando nosso computador natural que é o cérebro. E viver intensamente toda a história que já existiu e é contada...

O momento atual é tudo o que existe, não há mais coisa alguma. A realidade é o pensamento, sentimento ou acontecimento pelo qual passamos agora. Podemos pensar em um passado infeliz ou futuro esperançoso, mas pensamos sobre eles agora. Ontem e amanhã não existem agora, a não ser com antevisão ou recordação. Procurar viver neles cria ilusão e conflito. A felicidade é verdadeiramente agora ou nunca.

Viva bem vivido o seu presente. Aqui e agora.

Somente quando você está genuinamente satisfeito consigo pode ter satisfação permanente com os outros.

Não existe problema sem solução.

Ninguém, acontecimento algum, tem o poder de nos prejudicar se formos firmes e não quisermos ser prejudicados. No caso de muitas pessoas, é necessário um choque forte, ou um sofrimento intenso, para que procurem a luz. Utilizados corretamente, o choque e o sofrimento podem transformar-se no ponto de virada, na partida para uma vida nova. E a pessoa, após o choque, se liberta.

Os homens vivem desesperados e frustrados, assustados, porque vivem a partir de quadros imaginários que fizeram de si próprios, em vez de viverem a partir de seu EU natural, de sua natureza verdadeira.

Os quadros imaginários de si mesmos explicam também as guerras e os crimes. Acabe com o EU falso, viva então como pessoa nova. Destrua seus quadros imaginários. Viva a sua verdadeira identidade pessoal. Você precisa ser verdadeiramente diferente por dentro, seu Deus Interior tem um poder magnífico, que deve ser usado com FÉ.

O único motivo pelo qual meu leitor não faz grandes coisas é por se prender com timidez às coisas pequenas.

Procure a verdade do seu poder de filho de Deus, mas por você mesmo. Você não é planta, firme-se na inteireza de sua própria mente. Renove-se, fortaleça seus pensamentos, pense grande para tornar-se grande.

Não seja mais escravo de suas emoções negativas. Nem caia nas exigências tirânicas da sociedade. Liberte-se...

Nunca, nunca mesmo, aceite o NEGATIVISMO como parte do você essencial ou EU verdadeiro. Seja POSITIVO, pense sempre no melhor, e o melhor sempre acontecerá.

A infelicidade existe apenas na sua mente...

Pare de ser um escravo de seus erros, de seus defeitos físicos, da sua idade e dos absurdos da sociedade. Você já pagou um preço imenso por todos os seus negativismos. Não alimente mais infelicidades no seu espírito!

A paz de espírito é realmente a maior riqueza do mundo

Da câmara das trevas humanas, penetramos na extensão ilimitada da LUZ Cósmica. O Deus Interior é o Mestre Universal que habita o *Sanctum* do coração humano (o EU interior) e encontra poder em nossa mente.

Mas, a menos que as faculdades físicas estejam bem equilibradas, com o corpo e a mente limpos, serão incapazes de reagir às exigências do Ser

Interior. Um corpo doente e intoxicado não permite a harmonização com a Inteligência Infinita, impede e bloqueia a sintonia de nosso poder interior com a elevada faixa de onda da fantástica força cósmica de Deus.

Quem ama mais o espírito que a matéria – e às vezes até gosta de rezar um pouco e meditar – está livre dos afetos desordenados e das ilusões da vida terrena. Pode facilmente agir com o espírito, acima de si mesmo, e fruir de SUAVE REPOUSO, na PAZ do Reino de Luz, fora da Terra e sossegado.

A porta do coração só se abre por dentro. Só tem tranca e chave por dentro... Não se abre pelo lado de fora. Você é quem decide. Mesmo que Jesus Cristo queira entrar no seu coração, para ajudá-lo ou ser seu amigo, não conseguirá se seu coração não se abrir.

E você não terá sintonia nem ajuda nenhuma, nem de Cristo nem de ninguém.

Tem gente que tem realmente um coração de pedra, com a porta do seu interior divino sempre trancada.

Há muitas coisas que ultrapassam a barreira do tempo.

Você deve desapegar-se e RENUNCIAR a muitas coisas. Não ficar amarrado a nenhuma infelicidade e a nenhum pensamento negativo ou de derrota.

Nem dependente fixo de ninguém nem de paixão alguma. Pensar sempre que tem Deus dentro de si mesmo e que é feliz, que tudo vai dar certo.

Dominar o corpo e o mundo, e não ser por eles dominado. Limpar a mente pela constante oração, esteja onde estiver. Seu superconsciente ou EGO superior deve ter pensamentos mais puros, nobres, otimistas, bons e de AMOR. E agradecer a Deus o tempo todo; há muitas coisas em sua vida pelas quais ser grato. Assim, viverá FELIZ.

Dói muito sentir-se rejeitado ou não amado por alguém, mas é também uma chamada de atenção para a nossa escolha em quem confiar.

Dedicar nosso romantismo a quem NOS AMA é ganhar os melhores momentos de nossa vida.

*

Talvez seja muito otimismo do Raja Marausha. Mas ele reza assim, todos os dias.

"Que Deus convoca todos os povos para serem livres em cada um, mas unidos num todo mais humano, mais igual e mais fraterno..."

NOSSO MUNDO pessoal é um reflexo de nosso espelho. As outras pessoas nos veem pelo nosso reflexo no espelho da vida! Nosso próximo reage de acordo com o modo como nós agimos. A atitude do próximo é um reflexo da imagem de nossa mente.

Se tivermos uma mente calma, simples e bondosa, os outros serão assim conosco: calmos, simples e bondosos. Uma atitude nossa afastada e arrogante provoca reações ruins dos outros conosco.

O reino do espírito, de amor, ajuda, perdão, agradecimento e renúncia na solidão positiva... é o reflexo da imagem da vida celestial... a felicidade eterna!

As pessoas reagem conforme agimos com elas. Tudo neste mundo é um reflexo do espelho da vida. Nossos negócios, nossa saúde, nossas amizades, nosso amor ou romance, nossa harmonia na família e no trabalho, nossas realizações e inspirações construtivas, tudo, enfim, é um resultado pelo qual somente nós somos responsáveis, ninguém mais, nem circunstância nenhuma. Se você sorri para o espelho, ele devolve o seu sorriso. Se você faz cara feia ou careta para o espelho, ele reflete o seu negativismo.

A sua atitude errada ou certa aparece nitidamente, visível, nos resultados em sua vida. Não existe uma maneira de fugir dessa verdade, nem escapulir de sua imagem no espelho de sua vida. Ela está lá, fixa e imutável, inexorável.

Nós só colhemos, realmente, aquilo que plantamos. Se você semear flores coloridas, perfumadas e lindas, terá essas flores no seu coração. E será alegre e feliz, com muita PAZ de ESPÍRITO.

Recebendo de Deus uma ideia benéfica que proporcione felicidade ao maior número possível de pessoas e pondo em prática essa ideia, realiza-se a riqueza. Uma fantástica riqueza se realiza quando se oferecem ideias benéficas à humanidade.

*

Faça tudo na sua vida inspirado pelo Alto. Realize tudo (pequena, média e grande realização) com a mente atenta ao Reino de Luz.

Faça tudo na Terra como obra de Deus. Se perceber que a obra que está fazendo, ou planejando, não tem nada que ajude os outros, desista, não continue e não faça.

O seu trabalho nunca é em vão quando feito em conexão com o Senhor, criador de tudo no Universo.

Por mais simples que seja a sua obra, faça tudo em conjunto com o seu Deus Interior. Seja honesto, sincero, o máximo e o melhor que você consegue ser.

Uma oração de prosperidade

“Eis que vos farei chover pão dos céus!”

– Êxodos

As riquezas de Deus correm para mim como as chuvas caindo do céu. A natureza divina é pródiga, extravagante e dadivosa.

Uma semente lançada no solo é multiplicada mil vezes. Minha aura está vibrante com as riquezas de Deus. Acredito na lei da abundância e da fartura. Muito dinheiro eu vejo circulando na minha vida, dinheiro ganho honestamente.

Vejo a presença e a paz de Cristo no meu ambiente de casa e de trabalho alegre e otimista. Tudo realmente está dando certo.

Sempre temos, eu e minha família, dinheiro para todas as necessidades. Tudo corre bem com a Graça de Deus. Termos FÉ e acreditar funciona. Amém.

Para ter longa vida

Para viver mais tempo, com paz de espírito; para passar dos sessenta, setenta ou oitenta anos com saúde, faça o seguinte, se possível desde a juventude.

1. Coma a metade do que costuma comer.
2. Não beba álcool, não fume nem use drogas.
3. Durma o dobro do que costuma dormir.
4. Não se preocupe com tolices e futilidades, que não conduzem a lugar nenhum.
5. Beba mais água. Cinco copos todos os dias, no mínimo.

6. Faça, sempre que puder, respirações de AR puro, não esse AR poluído das grandes cidades. Acostume-se a ir para o campo, a roça, sempre que tiver oportunidade. Respire o AR PURO do mato, medite no silêncio do campo.
7. Sorria ou ria, muitas vezes por dia. Pela manhã, à tarde e à noite. Sorria, tenha alegria de viver, esforce-se nesse sentido. No fim tudo dá certo, vamos sorrir.

Oração da terceira idade

Bem-aventurados aqueles que compreendem os meus passos vacilantes e as minhas mãos trêmulas.

Bem-aventurados os que levam em conta que os meus ouvidos captam as palavras com dificuldade.

Bem-aventurados os que percebem que meus olhos já estão nublados e as minhas reações são lentas.

Bem-aventurados os que sorriem e conversam comigo.

Bem-aventurados os que
nunca me dizem: "Você já me
contou isso tantas vezes".

Bem-aventurados os que me ajudam
com carinho a atravessar a rua.

Os que me fazem sentir que sou
amado e não estou abandonado,
tratando-me com respeito.

Bem-aventurados os que
compreendem quanto me
custa encontrar forças para
aguentar a minha cruz.

Bem-aventurados os que amenizam
os meus últimos anos na Terra.

Bem-aventurados todos aqueles que
dedicam afeto e carinho, fazendo-me
assim pensar em Deus.

Bem-aventurados os que me
respeitam pela idade, me consolam
e me ajudam quando preciso.

Quando entrar na eternidade, lembrar-me-ei deles, junto ao Senhor. Amém.

*

Eu vivo o dia de hoje e deixo os outros viverem como quiserem. Tudo vai dar certo, mesmo, tudo já deu certo. Eu sou feliz, estou me preparando para deixar saudades na Terra e morar na casa de Deus Pai. A FÉ verdadeira torna todo pensamento, mesmo de um velho pobre, palpitante de PODER Cósmico. Podemos nos erguer a alturas ilimitadas, impelidos pela força ascendente de uma poderosa autoconfiança.

Enchemo-nos de LUZ, AMOR e PODER espiritual, forças que Deus nos dá quando temos FÉ em suas promessas, quando renascemos em Cristo acreditando, como crianças, em MILAGRES.

Quando sobrevierem as trevas de problemas duros, reveses e adversidades, suporte-as até que passem, porque depois... será prazer inigualável, prazer absoluto, PAZ de espírito.

A renúncia a tudo que o leitor perceber que está errado, que não é justo nem bondoso, a rendição ao Reino de Luz, fará com que sejam rompidas todas as formas de escravidão e de apego, corrente e obsessão.

Mais limpos, ficamos leves como um pássaro. E flutuamos, ou temos vontade de voar por sobre este mundo confuso e cheio de maldades. Quero voar, Senhor...

Todo o orgulho, a vaidade tola, a ganância de querer sempre mais, a figura de comando e poder, tudo isso e muito mais será aniquilado até o pó.

Terei a Vossa graça, e Vossa luz de resplendor virá até minhas asas leves e flutuantes do meu NADA.

Então eu chorarei as lágrimas do arrependimento pelos meus erros. E a LUZ de Deus me mostrará o que eu sou, o que fui e em que me tornei. Pois não sou NADA e não sabia...

Porque Vós, Senhor criador de todas as coisas, estais sempre calado, e ninguém ouve a Vossa Voz. Mas, no Vosso silêncio, Vossa bondade e compaixão entregam ao ser humano muito mais do que ele merece.

Seja contra o vão juízo dos homens. Coloque a sua FÉ e sua esperança no Senhor. E não tema o juízo dos homens quando sua própria consciência não o condenar.

O SALMO de Davi foi escrito pelo grande rei e ex-pastor de ovelhas, mil anos antes de Cristo. Mas tem sua beleza e ajuda até os dias de hoje.

O Senhor é minha luz
e salvação: de quem terei medo?

O Senhor é a fortaleza de minha
vida, frente a quem temerei?

Quando os malfeitores avançam
contra mim para devorar minha
carne, são eles, meus adversários e
inimigos, que tropeçam e caem.

Que um exército acampe contra
mim, meu coração não temerá.

Que uma guerra estoure contra mim,
mesmo assim continuarei confiante.

Uma coisa eu peço ao Senhor e
esta eu procuro: é habitar na casa
do Senhor todos os dias de minha
vida, para gozar a doçura do Senhor
e contemplar o Seu templo.

Pois Ele me oculta na sua cabana no dia da infelicidade.

Ele me esconde no segredo de Sua tenda e me eleva sobre uma rocha.

Ensina-me o teu caminho, Senhor. Guia-me pelo caminho plano por causa daqueles que me procuram.

Espero ver a bondade do Senhor na terra dos vivos.

Espera no Senhor, sê firme!

Fortalece teu coração e espera no Senhor.

E o começo do Salmo 35 é também muito bom. Do mesmo Davi, o rei pai do grande Salomão.

Ó Senhor, acusa meus acusadores, combate os que me combatem.

Toma a armadura e o escudo e lembra-te em meu socorro.

Maneja, Senhor, a espada e o machado contra os meus perseguidores.

Dize à minha alma: Eu sou a tua salvação!

Que fiquem envergonhados os que buscam me arruinar.

Caia sobre eles um desastre imprevisto, sejam apanhados na sua própria rede e caiam todos eles dentro da cova...

Fiquem cheios de vergonha e confusão os que, à minha custa, se engrandecem.

*

O Senhor é muito grande e deseja a PAZ ao seu servo fiel.

Deus é realmente a fonte de nossa vida. Somos aqueles que nascemos de Deus e recebemos sua Sabedoria. Pertencemos, nós todos, ao divino Reino de Luz. É através do homem que Deus manifesta sua perfeição. Somos filhos de Deus, e muita gente não sabe disso. E sofre muito, faz muitas coisas erradas e maldosas.

Deus não tem culpa dos erros da humanidade e está sempre ajudando todos. Deus está dentro de nós. Não devemos abafar essa fantástica paternidade.

Devemos acreditar, com Fé piedosa, e agradecer sempre.

Você pediu para ser semelhante a seu Senhor? Quem sabe, o leitor que nos lê tem pedido o fruto do Espírito em sua vida, e tem orado pedindo brandura, bondade, luz, paz e amor?

Então não tenha medo do tormentoso temporal que está varrendo a sua vida, neste momento e nestes dias. Há uma bênção nessa tempestade. E haverá rica frutificação logo depois, breve.

Após a forte tempestade no mar bravio, vem sempre o céu azul brilhante e o majestoso e colorido arco-íris.

Uma pessoa que é obrigada a estar quieta, em inatividade forçada (por uma doença, por exemplo) e vê passar diante de si as ondas palpitantes da vida, será que a vida precisa ser-lhe um fracasso? Não. A vitória é para ser conseguida aguardando em uma espera tranquila.

E ficar parado é muitas vezes mais difícil do que correr nos dias de atividade. Requer mais heroísmo ficar ali e esperar, sem perder o ânimo nem a esperança. Submeter-se à vontade de Deus, deixar com os outros o trabalho e as horas deles, ficar calmo e confiante, alegrando-se sempre e agradecendo por tudo de bom. E, tendo feito tudo com calma e FÉ, ficar firme.

Expulsemos os pensamentos sombrios. Sejamos sempre positivos e otimistas. Não fiquemos pensando na doença, seja qual for. Não estimulemos o receio do fracasso, da derrota, do naufrágio. A doença não abandona uma pessoa que vive pensando nela.

*

Todas as bênçãos de Deus, da Inteligência Infinita do Cosmos e dos Mestre Invisíveis das Hostes Celestiais descerão sobre você, inundando de LUZ o seu EU interior, cada vez que ler os Salmos da Paz de Espírito. Poderosas vibrações positivas irradiarão de você durante todo o dia. Será muito feliz.

O leitor evoluirá mais rapidamente quanto mais repetir a leitura dos Salmos da Paz de Espírito. Repetição, repetição, repetição, absorvendo profundamente o sentido das palavras lidas, dia após dia, para impregnar positivamente o subconsciente, o EU verdadeiro. A repetição das boas palavras dos Salmos limpará todo o negativismo longamente acumulado – e o leitor será em pouco tempo uma NOVA pessoa, melhor em todos os sentidos. Os resultados são maravilhosos, parecem MILAGRES!

Reflexão de leitura diária

O homem pode se tornar senhor de si mesmo e do ambiente que o cerca, porque tem o poder de influir sobre sua própria mente, tem a essência de Deus dentro de si mesmo, sem depender de ninguém para ser feliz, em paz...

Mude seus pensamentos, de negativo para positivo, de falso EGO para verdadeiro, e mudará sua vida.

Deus criou todo o Universo, todas as fantásticas e incríveis galáxias de milhões de anos-luz distantes umas das outras, dentre elas a nossa pequena Via Láctea, uma das menores no imenso e fantástico Cosmos.

O planeta Terra é muito pequeno e insignificante no contexto do fabuloso Universo.

Por isso somos simples filhos de Deus, mas poderosos em essência divina e espiritual. Para esta passagem pela Terra, rumo à casa de Deus Pai, tivemos que nascer num corpo físico e material característico deste mundo.

Mas este meu corpo não é meu EU verdadeiro.

*

Eu sou ESPÍRITO, alma, filho direto de Deus perfeito e ETERNO, maravilhoso e interior.

EU, Ego, pessoa individual.

Meu corpo é fraco e de vida muito curta, adoece e morre.

Mas meu EU verdadeiro é ETERNO e filho herdeiro de Deus.

Não adoece, nem envelhece, nem morre jamais. Segue o rumo do infinito, aprendendo sempre.

Nossa Terra é pequena, com ilusões e cheia de erros. Mas meu espírito é grandioso, imenso como a Grande Vida.

Porque sou filho de Deus e estou em sintonia permanente com a Central do Reino de Paz num espaço que não conhecemos.

Tenho o infalível PODER CÓSMICO DE TODAS AS GALÁXIAS.

Sou o microcosmo de um Deus poderoso Macrocosmo.

Não importa ser pequena, tão pequena, a nossa Via Láctea.

No Reino de Luz, Amor e Paz (a casa de Deus), todos nós, espíritos eternos, somos filhos do mesmo Poder, da mesma essência de vida, do mesmo AMOR, bondade, proteção, ajuda e misericórdia.

Uma pausa: existe uma escala de crescimento e evolução dos Espíritos de Deus, que vão crescendo para outros mundos melhores e mais evoluídos, cada vez melhores em espírito conforme seus merecimentos. E estacionando num mundo só até consertar os seus erros graves.

Cada um vai sofrendo castigos cármicos até aprender, por si mesmo, a melhorar sua condição de filho querido de Deus, e passa para mundos melhores.

Finda essa pausa importante, só nos resta saber que somente há um Poder Maior em todo este imenso Universo.

Tudo teve a mesma criação, desde as imensas galáxias de quinhentos milhões de anos-luz (tempo para chegar até lá) até as sementinhas de nossa horta ou os grãos da areia na praia.

Desde a estrela mais longínqua e cujo brilho vem até nós até as flores do campo, os pássaros e todos os animais, nossos rios e cascatas, nossos mares, desertos e montanhas.

Nosso corpo, nossa inteligência e nosso espírito puro e eterno. TUDO FOI CRIADO POR DEUS PAI. E esse DEUS maravilhoso, mas preocupado com nossos erros, fraquezas, falhas e tão pouca inteligência humana, nos mandou Jesus Cristo para nos ensinar a sermos corretos e bons.

A termos AMOR no coração, a ajudarmos o nosso próximo, a tratarmos bem e perdoarmos tudo e todos, a tolerarmos, agradecermos e nunca reclamarmos de nada.

A pelo menos tentarmos viver com a PAZ de ESPÍRITO, e não em conflitos e guerras.

E tantas coisas lindas Jesus Cristo, o amigo, nos veio ensinar com simplicidade e ternura, com carinho e afeto imenso.

Porque Deus Pai nos quer melhores e preparados para outra passagem depois da Terra, uma passagem melhor.

Deus Pai nos quer sempre em mundos cada vez melhores, evoluindo e viajando em espírito eterno rumo ao seu reino final de divina felicidade e luz.

Mandado por Deus, Jesus Cristo veio à Terra há cerca de dois mil anos para ser nosso tutor e nos ajudar. Mas debocharam dele, traíram, xingaram, coroaram-no de espinhos e o mataram na cruz.

Esse foi o agradecimento que nós, seres humanos perversos, demos pela glória de recebê-lo. E até hoje, passados dois milênios, ainda não entendemos e usamos as suas palavras e os belos ensinamentos.

Usamos o seu santo nome para ganhar muito dinheiro, em nome de quem veio nos ensinar o AMOR e a ajuda ao próximo. Somente uma minoria entende o que suas belas palavras diziam de fato e de direito.

Jesus nos ensinou as coisas mais perfeitas, lindas e corretas para cada um viver em paz e mais feliz, preparando-se para um mundo melhor. Ensinou, simples e objetivo, a sua doutrina interior, que está no Santuário de todos os corações que o amam e ao Pai.

Nunca houve, na Terra, uma pessoa como Jesus, o Essênio.

Jamais teríamos a chance de uma nova vida, de RENASCER, se Deus não o tivesse mandado.

Jamais seriamos livres do maligno, das coisas sórdidas, se não fossem os ensinamentos do Grande Mestre, e também não haveria nem sequer um perdão para nossos erros, falhas absurdas e vis pecados.

Não haveria esperança, e toda a humanidade sucumbiria em dilúvios sucessivos, em água e fogo, Sodomas e Gomorras.

Perdida a esperança, seria o nosso FIM. Porque agora eu confio e espero as promessas santas de Jesus.

Que veio até nós, viveu como nós, sofreu por pregar o AMOR, ressuscitou para nos mostrar que continua vivo em espírito, como nos tempos de Jerusalém, para sempre nos ajudar.

Eu agradeço diariamente ter Jesus como meu maior amigo, em todas as circunstâncias. Tenho FÉ e confiança de que ele atende nossas súplicas. Orar, orar sempre, sem desanimar. E agradecer pela PAZ de ESPÍRITO que ele, com Deus Pai, nos infunde.

Reconheço meu limite como ser humano, pobre e fraco. A libertação total e a PAZ não dependem só de meu espírito. Preciso me interiorizar com o Poder de Deus, penetrar convicto e fervoroso no REINO de LUZ. Com simplicidade e entusiasmo, otimista e com muita fé piedosa.

Não é pelos meus indignos méritos que espero ter as minhas orações atendidas.

Porque sei que não tenho nenhum mérito para pagar minhas súplicas.

Mas é pelas Vossas palavras que tenho esperança de ajuda.

Vós dissestes que viestes ajudar os pecadores, os doentes ou que precisam de Vossa misericórdia. Os puros e tranquilos nem precisam de ajuda.

Por isso eu vos suplico, cobri-me as falhas e os erros com o Vosso manto sagrado de poder e bondade.

E regenerai e purificai, limpai minhas chagas doloridas como se eu mesmo merecesse...

Não sei como nem onde atendereis meus pedidos e minhas súplicas.

Ninguém melhor do que Deus Pai, por Jesus boníssimo, para me salvar no naufrágio em alto-mar revolto e sinistro. Ninguém melhor para orientar-me no caminho de luz, AMOR e PAZ.

E, mesmo vivendo neste mundo, eu não pertenço à Terra. Sou um estranho no ninho, sou um ser espiritual e eterno, e meu mundo real está numa dimensão superior.

As loucuras, as maldades e os erros deste planeta cheio de ilusões não me atingem mais. Estou acima, sou da minoria que acredita na superioridade do espírito sobre a matéria. E somos felizes, com alegria pura e a maior riqueza do mundo, que é a PAZ de ESPÍRITO.

Por isso, nada me abala, nada me irrita, nada me ofende, porque eu não aceito!

Vivo indiferente ao caos do mundo e tenho pena dos pobres ricos materialistas que só têm dinheiro, mas são presos à matéria e morrem de medo de perder alguma posse, vivem preocupados, tristes e solitários. Estão nas grades do poder, da fama, da fortuna e dos prazeres fugazes do mundo. Presos nas grades que eles mesmos fizeram, forjadas no ouro da glória.

Eu sou contra todo tipo de mal e admiro muito aqueles que não têm nada mas vivem felizes. Admiro os simples e humildes, com uma alegria de viver digna, contagiante e colorida, sem medos.

Não entendo por que o ser humano é tão ignorante que despreza assim a sua maior fortuna, que é a Riqueza Interior.

Não entendo por que brigam tanto, matam, traficam drogas, fabricam armas para o povo e para a guerra, vivem para o sexo e as loucuras da bebida, do fumo, do jogo e tanto vício dramático.

Por que tanta ambição?

Por que um país ou nação, já muito rica, deseja cada vez mais terras e povos para conquistar e dominar uma gente pacífica que só deseja amor e paz? Por quê?

Por que ninguém está contente consigo mesmo e com o pouco que tem?

Nós não somos felizes pelo que possuímos, mas sim pelo que amamos.

A maioria neste mundo está vivendo numa tremenda escuridão.

Vivem assustados e nas trevas...

Todos precisam de um pouco de LUZ. E que a espiritualidade cresça, e acabem os consumismos, fanatismos, ilusões em toda parte, delírios e ansiedade do poder material.

Eu ando o tempo todo com Jesus, que nos disse: "Quem me segue não andará em trevas, mas terá a LUZ da vida" (João 8:12).

Mesmo porque ninguém é feliz se não deseja ser. Abandonemos todo esforço e correria inúteis na sociedade, que não levam a NADA.

Que as pessoas de bem se reúnam, se conheçam e formem uma falange salvadora. Homens e mulheres de bem, cada um com o Santuário em seu próprio coração.

Não usemos guilhotinas, mas a força suprema de nosso espírito ancorado no sangue de Jesus.

Homens, mulheres, velhos e jovens, coloquemos a PAZ de CRISTO em nosso interior, em nosso coração, para governar o mundo.

Não existe outra solução.

Chega de reuniões enganadoras de políticos e donos do dinheiro, congressos de corrupção, abismos.

Somente o maravilhoso REINO de LUZ governará com paz, amor, justiça, igualdade e fraternidade este maluco mundo conturbado e ignaro. Aos povos não se mente, não se engana, não se corrompe nem se tira a liberdade e a paz.

Unidos no Poder Cósmico de Deus Pai, triunfaremos com PAZ de espírito. Porque não é difícil ser vitorioso com as preces de nossos corações inspirados e iluminados do Alto.

Deus está em nosso alto escalão. As orações são as nossas armas; e a união dos povos e religiões, o nosso batalhão de frente.

Deus Pai nunca perdeu e jamais perderá uma batalha.

Nada é impossível para Deus.

Viva a Paz de Cristo em nossos corações.

Já entramos na Era de Aquário e saímos da de Peixes. Já estamos sentindo as grandes transformações. A Era de Aquário é de mais PAZ, de um progresso fantástico. Iremos rumo às estrelas e, quem sabe, a outra galáxia.

O ser humano, a pessoa, agora será mais ela, mais individual, mais dona de sua vida, EU autêntico.

A mulher será mais valorizada e acabará o machismo e, quem sabe, até as lutas raciais.

Na era passada, de PEIXES, éramos mais coletivizados, juntos e numerados numa multidão. Tínhamos as amarras e determinações dos pais, da escola e da sociedade.

Fora a massificação imposta pela televisão, pela mídia, pelas normas dos modismos e usos inúteis.

Mas ainda há uma confusão no mundo, porque, quando termina uma era e outra se inicia, há sempre certo tumulto.

Toda mudança gera confusões, mas tudo agora, já no terceiro milênio, estará melhor; o REINO de LUZ já está agindo com mais potência espiritual, e as melhoras estão próximas.

Já começaram e continuam grandes mudanças em toda a Terra. Para o Brasil e toda a parte sul do mundo, abaixo do Equador, está previsto um grande crescimento cultural, científico e espiritual.

Teremos um espiritualismo fundamentado em uma filosofia de vida mais pura, mais bondosa e de ajuda a tanta gente necessitada.

Doutrinas surgirão mais individuais, e os grandes valores humanos recomeçarão a existir.

Uma vida nova, a PAZ de ESPÍRITO, surgirá então em nosso horizonte, um maravilhoso mundo novo.

Acabará tudo de mau para dar lugar ao verdadeiro NIRVANA, o maravilhoso Paraíso na

Terra, como Deus queria quando criou este estranho mundo.

E graças ao misericordioso Deus de AMOR, LUZ e BONDADE, eu já estou em PAZ. Com todos, até com a natureza e comigo. Não tenho mais medo de nada, e estou me preparando sempre para melhorar minha ida!

Sou sintonizado com o Reino de Luz na Central Cósmica e Todas as Galáxias, o escritório Universal de Deus Pai e onde encontramos todos os santos, todos os anjos, todos os grandes mestres e avatares, os bons e magníficos espíritos evoluídos que talvez já tenham passado em vida humana por nossa Terra.

Ninguém vivo agora pode nos dizer onde fica esta Central Cósmica que alguns chamam de céu. Ninguém sabe, é segredo de Deus para nós humanos. E se alguém disser que sabe onde fica essa matriz do REINO de LUZ, estará mentindo ou inventando.

Cumpramos nossa parte aqui, e deixemos para Deus Pai o comando e a maneira de comandar como Ele achar melhor. Não há necessidade nenhuma de sabermos onde fica o Reino de Luz. Vamos pensar, agir e rezar para estarmos lá um dia.

Recebamos iluminação, orientação e proteção para o caminho. Não tenhamos preocupações, medos, ambições, orgulho, vaidade, nem lutas, nem conflitos ou desejos desnecessários, fugazes ou inúteis.

Não tenhamos paixões ilusórias nem sonhos e fantasias impossíveis. Vamos aprender a viver de forma simples, feliz e em PAZ, sem reclamar de nada nem de ninguém e só agradecendo, para termos sempre mais por que agradecer.

Coloco Deus em primeiro lugar, e todas as coisas materiais de que preciso me vêm por acréscimo, normalmente até sem eu pedir. Quero viver lúcido e sentir, com a mente limpa e aberta, tudo de bom que ainda existe.

A vida é linda quando a gente a vê bonita. Tudo é bom e belo quando nosso coração é bom e quando só vemos o lado belo de tudo e todos.

Gosto de ajudar as pessoas e fico muito alegre quando dá certo uma ajuda minha.

Não tenho grandes pretensões, mas faço planos e me empenho para realizá-los, agindo corretamente.

Sinto-me muito em doce PAZ e passei a gostar mais de mim. Agora tenho autoconfiança e não me preocupo com nada, a não ser com meu Deus.

Por isso, nunca estou sozinho. Acho Jesus um ser maravilhoso e gosto dessa doutrina filosófica da esperança, que me ensina a VIVER. Tenho a completa FELICIDADE...

Quem está sempre ligado ao Poder Cósmico de Deus Pai pelo seu próprio espírito interior e pensamento positivo e otimista nunca tem problemas impossíveis ou obstáculos sem solução.

Para estar sempre ligado e sintonizado com a faixa de onda do Reino de Luz, é preciso purificar sempre mais seu estado positivo de consciência.

Amar sem exigir ser amado. Ajudar sem esperar por recompensa. Ver sempre o bom e o melhor em todas as pessoas e coisas. Ter, assim, pura a consciência.

Quando nos afastamos de Deus e dos Santos Espíritos e fugimos para a caverna sinistra do mundo, nossa ligação fica interrompida, e surgem tensões, doenças, medos, acidentes e as mil aflições do mundo.

Precisamos estar sintonizados. É preciso que haja uma permanente e constante harmonização Cósmica com Deus Pai o dia inteiro, em todos os momentos e todos os dias. Por nossos pensamentos, sentimentos, orações e meditações.

Devemos ter FÉ piedosa, acreditar em nossos próprios poderes, em nosso Deus Interior, em Cristo no Santuário de nosso coração. E ligar a nossa mente espiritual ao Reino de Luz, Amor e Paz, ao celeste Universo dos Santos e Anjos, onde tudo é bom, bonito e perfeito.

Então todos nós teremos a completa felicidade com alegria, saúde e prosperidade.

E, mesmo vivendo na Terra, estaremos todos no Paraíso, onde Deus é o Pai, e nós, os seus filhos.

Encontrei, portanto, a chave do tesouro da vida! Deus é o pai.

Eu sou de Deus, o filho.

Fiz-me ser humano nesta Terra, mas sou um ser ETERNO, ESPIRITUAL e PODEROSO.

Este meu corpo me foi emprestado e tenho que tratar muito bem dele. Mas não sou EU. EU sou ESPÍRITO, perfeito e maravilhoso. Eu sou a imagem de DEUS; gosto de mim, gosto muito!

E assim é…

Amar sem exigir ser amado. Ajudar sem esperar por recompensa. Ver sempre o bom e o melhor em todas as pessoas e coisas. Ter, assim, pura a consciência.

Oração da paz de espírito

Por Raja Marausha

Eu sei, Senhor, que as dificuldades são inevitáveis. Quero ter forças para não fugir delas. E coragem para enfrentá-las!

E peço vossa ajuda para transformar cada problema meu – simples ou grave – em exercício positivo para evoluir a minha alma!

Que cada aflição seja um teste divino para me indicar o caminho da verdadeira e infinita felicidade.

Oh, Senhor; eu não peço que afaste de mim as dificuldades, mas que me anime a enfrentá-las… e que me ilumine para sair bem de todas elas.

Dá-me, Senhor, agora e sempre, a vossa PAZ…

E obrigado por tudo dar certo!

Final

Encontrei, portanto, a chave
do tesouro da vida!

Deus é o pai.

Eu sou de Deus o filho.

Fiz-me ser humano nesta vida
terrena, mas sou um ser eterno,
espiritual e poderoso.

Este meu corpo me foi emprestado
e tenho que tratar muito bem dele.

Mas não sou eu, eu sou espírito,
perfeito e maravilhoso.

Eu sou a imagem de Deus.

Gosto de mim, gosto muito!

E assim é.

O meu dia especial

Escolha um dia qualquer da semana para seu "dia especial". Nesse dia, com a ajuda de Deus, procure ser o mais positivo e otimista possível. Ajude os outros, não perca a calma, nem pense nada negativo. Aceite tudo com tolerância e amor e não reclame de nada nem de ninguém. Perdoe e agradeça tudo! Evite brigas e discussões. Se for preciso, reze e mentalize *Christum Pax* (a Paz de Cristo), para evitar tudo que não é bom. Nesse dia, seja positivo e espiritualista. Espere sempre pelo melhor, em tudo.

Com o passar do tempo, daqui a poucos meses, você estará transformado numa pessoa maravilhosa – de ação e poder mental positivo!

Este livrinho é individual. Devido às vibrações pessoais de cada um, não se deve emprestá-lo. Se estiver muito usado pelo dono, recomenda-se comprar um novo – mas os dois continuam sendo muito pessoais, de uso exclusivo!

“Quem busca
a força no seu
Deus Interior será
sempre vitorioso.”

Raja Marausha